1

"14 DE FEBRERO"

(VERSIÓN EXTENDIDA)

J. ASUNCION PADILLA GUTIERREZ

(encuentrame en facebook como...Jose Padilla Nirvana)

(mi correo electronico...satanatletapillin80@outlook.com)

Dedicado a mis dos hijos, que son la maxima expresión de amor en mi vida…

Sheccid Cruz Alejandra
y
Axel Ismael

PROLOGO

En la actualidad y a pesar de todos los avances tecnologicos , aún hay algunos temas que estan llenos de tabúes, sobretodo los que tienen que ver con la sexualidad entre los jovenes , algunos de ellos desde hace decadas, tales como el sexo antes del matrimonio,embarazo , los anticonceptivos, las enfermedades venereas y el más controversial en los ultimos años...El aborto, pero muchos de estos tabúes nacen por la mala información al respecto, ya que la sexualidad en el ser humano es parte de nuestra naturaleza, por consiguiente no debe de ser un tema satanisado, pero la pregunta es ¿Como podemos evitarlo?...Y la respuesta es bastante sencilla, compartiendo información con los jovenes, esto con el fin de crear consciencia en ellos para que sean más responsables en todo lo referente a su sexualidad, y si como padres no tenemos el conocimiento necesario, pues entonces buscarlo juntos...Este libro despejará algunas dudas al respecto, pero despues de terminarlo te recomiendo buscar mas información por tu cuenta.

INDICE

1

"PRIMERA VEZ"

Con algunos espasmos musculares y con mi cuerpo empapado de sudor, me encontraba teniendo una pesadilla , la cual padecía desde que era pequeño, siempre tenía el mismo terrible sueño , donde era atacado por enormes bestias , que arrancaban trozos de carne de mi cuerpo , sin poder moverme, ni defenderme , y aunque era un sueño que tenía frecuentemente ,siempre me aterrorizaba porque cuando mordían mi cuerpo sentía dolor, así que sufría bastante con esta pesadilla...Pero justo cuando una de las enormes y grotescas bestias , las cuales nunca podía observar bien , solo veía sus enormes siluetas oscuras, distinguía sus ojos rojos , enormes colmillos y garras, se acercaba a mi cabeza para morder mi cuello, y este era el momento justo en el que siempre despertaba.

La puerta de mi habitación se abrió de golpe y entró mi padre, Mario era su nombre-
--¡¡Hijo mío despierta!! Es solo un sueño---
Gritó mientras movía mi cuerpo, intentando despertarme, y después de algunos segundos consiguió sacarme de esa pesadilla.

   Empapado de sudor y con mi corazón a
punto de salir de mi pecho desperté, pero el
susto disminuyó poco a poco , ya que mi
padre me abrazaba, era un cálido y amoroso
abrazo --- ¡Gracias papá! Y discúlpame por
haberlos despertado , a ti y a mi mamá, pero
sabes que no puedo evitarlo---Le dije
agradecido pero , mi padre no dijo nada solo
me abrazó aún más fuerte , por unos cuantos
segundos más y después de darme un beso
en la frente me dijo con voz suave---Descansa
Uriel, mi niño, trata de dormir porque
mañana tienes que ir a la escuela--- Y
dándome un nuevo abrazo se fué a su
habitación para dormir también, ya que eran
las 2 de la mañana.

Desperté a las 6 am , a pesar de mi pesadilla, tuve un segundo sueño y este fué bastante placentero , pero no solo era el haber descansado bien, ya que ese día sería especial , era una fecha esperada desde hacía más de 6 meses , 14 de febrero, pero no solo porque se celebrara el día del amor y la amistad; Era la fecha que habíamos acordado mi novia y yo para tener relaciones sexuales por primera vez, ambos éramos vírgenes , habíamos sido novios desde la primaria...Aún recuerdo que todo comenzó en el tercer grado , yo estudiaba en una escuela que estaba a unas cuantas calles de mi casa, una sencilla escuela pública, pero donde había docentes que llevaban a cabo su labor educativa , con bastante armonía, esto lograba que hubiera un buen ambiente educativo, convirtiéndose en una escuela a la que me agradaba mucho asistir, pero cuando teníamos 2 meses de iniciar el tercer grado llegó a nuestra clase una alumna de nuevo ingreso y desde que la ví , algo en mi interior , me dijo que ella sería especial para mi y cuando escuché por primera vez su nombre supe que quería a esa niña en mi vida para siempre...Berenice se llama.

Desde el tercer grado nos convertimos en amigos inseparables, ella se había mudado a unas cuantas calles de mi casa, su padre había sido promovido en su trabajo, era agente de viajes, y con esta promoción cambiaron su lugar de residencia, ellos eran originarios de Chiapas.

Con el paso de los años lo que comenzó como una inocente amistad , fué creciendo poco a poco hasta convertirse en amor, y cuando terminamos nuestra educación primaria e iniciamos el primer año en la secundaria, que gracias a que nuestras madres habían logrado inscribirnos en la misma secundaría, en las mismas clases, y esta se encontraba un poco más lejos de nuestras casas, era necesario utilizar el transporte público para transportarnos, así que este era el pretexto para pasar más tiempo juntos, en el camión, en la escuela y hasta para hacer trabajos o exámenes ; Entonces formalizamos nuestra relación y desde primero de secundaria comenzamos nuestro noviazgo, yo con tan solo 13 años y Berenice con 12.

Entonces después de varios años de noviazgo y después de platicarlo decidimos tener nuestro primer encuentro íntimo, debido a que nunca estuvimos con nadie más, como cualquier pareja de novios , tuvimos nuestras diferencias y hasta nuestras peleas, pero eso creó un lazo entre nosotros bastante difícil de romper; Terminamos nuestra secundaria y seguimos con la preparatoria , y aún seguíamos estudiando juntos, estábamos ya en los últimos semestres y teníamos nuestro futuro planeado, Berenice quería estudiar pediatría porque amaba a los niños y yo por mi parte también me decidí por la medicina , solo que la carrera que yo había elegido era neurocirujano , esto debido a que desde que era muy pequeño padecía una extraña condición , con la cual con cualquier sobresalto emocional sufría un desvanecimiento espontaneo, esto había provocado que durante la secundaria me ganara el apodo de " el desmayos", "El patatús", "el salta para atrás", ademas de que tenía mi cuerpo lleno de cicatrices y dos de mis dedos de la mano izquierda estaban seriamente deformes , así que después de muchos estudios y radiografías varios especialistas llegaron a la conclusión de que era una condición hereditaria , debido a un trastorno durante el embarazo, entonces por esta razón tomé la decisión de estudiar esta carrera , para buscar algunas respuestas ya que cuando pregunté a mis padres ensombrecieron un poco su semblante y me dijeron que algún día hablarían conmigo al respecto pero pasaron los años y no hubo respuestas.

El día tan esperado llegó ambos inventamos pretextos para no llegar a dormir a nuestras casas, Berenice le dijo a sus padres que debido a sus buenas calificaciones había sido premiada con una escursión escolar , así que junto con un pequeño grupo de alumnos seria llevada fuera de la ciudad , a un paseo recreativo y como sus padres confiaban en ella accedieron sin cuestionar; Yo por mi parte les dije a mis padres que iba a ir a una pequeña fiesta con unos amigos para celebrar el cumpleaños de uno de ellos y que pasaría la noche fuera de casa y como también tenía la confianza de mis padres ,me dieron permiso sin dudarlo.

La hora de nuestra cita llegó, el lugar que habíamos elegido para vernos era el zócalo , que se encontraba en el centro de nuestra ciudad, yo fuí el que llegó primero ,eran las 3 pm , iba vestido con unas sencillas ropas , no muy elegantes pero lo bastante formal para la ocasión, camisa de vestir de color azul oscuro , un pantalón también de vestir de color negro , unos sencillos mocasines de color negro, mi complexión era delgada así que la ropa lucía bastante bien en mi cuerpo de 1metro 70 centímetros, el tono claro de mi piel y mis ojos cafés , cabello negro y corto , finalizando con un perfume agradable , todo me hacía lucir atractivo, pero a mí solo me importaba lucir bien para mi Berenice.

El zócalo en el centro de nuestra ciudad se
llenó de gente en cuestión de minutos, pero
a mí no me importaban las demás personas,
solamente mi Berenice, y no me importó que
dieran las 3:30 pm , ya que era nuestro día
esperado, así que unos minutos más no me
causaban ninguna molestia; A las 3:45 pm
llegó Berenice , y cuando la vi, supe que
había valido la pena la espera, lucía hermosa,
tenía su tono de piel un poco más morena
que yo, por tal motivo yo en broma le decía
"chocolatito sexi", su estatura era apenas de
1metro 60 centímetros, ojos color miel, y lo
que más me fascinaba de ella era su cabello,
largo casi hasta la cintura, lacio y negro, lucía
un sencillo vestido de color blanco con finas
líneas de color gris, que cruzaban
completamente la superficie de la tela, en
forma vertical, de la cintura hacia arriba era
ceñido a su cuerpo , resaltando su delgado
pero bien formado cuerpo, con un escote
algo discreto, de la cintura hacia abajo tenia
algunas ondulaciones , que llegaban justo a
sus rodillas, dejando a la vista sus dos
pequeños muslos, y sus pies calzados con
unas sencillas valerinas de color negro, que
combinaban perfectamente con el color de su
cabello y finalizaba con algunos accesorios,
una pulsera de fantasía con algunos

brillantes , una gargantilla de color negro con un pequeño corazón dorado colgado y con una pequeña bolsa de color blanco; Cuando se acercó a mí me quedé completamente mudo e inmóvil al ver su sencillo maquillaje, sobretodo sus labios rojos y cuando me abrazó pude oler su cabello , que tenía olor a coco , ademas de el aroma de su perfume y antes de que siquiera pudiera decir algo, me dió un tierno beso---¿Me esperaste mucho tiempo ?---Preguntó de inmediato que terminó de besarme---No importa...Valió la pena la espera---contesté y tomándola de la mano comenzamos a caminar.

Nuestro día tan esperado inició con una caminata a través de la plaza principal del centro de la ciudad, seguido de disfrutar una película en un cine , que convenientemente se encontraba a unas calles de la plaza, era una comedia romántica así que la disfrutamos ambos, saliendo del cine caminamos un poco hasta regresar a la plaza y nos sentamos en una banca , justo en el jardín que estaba a unos metros del zócalo a disfrutar de un helado de vainilla para ella y de chocolate para mí, después le compré una rosa a un pequeño niño que se dedicaba al negocio ambulante junto con su madre; Había ahorrado para esta ocasión por más de un año , así que no me importaba el dinero que iba a gastar.

El tiempo pasó lento en esa banca del zócalo, pero pasadas dos horas nos dirigimos a un restaurante, para cenar, era un lugar bastante apacible, se encontraba en una casa antigua, con acabado barroco y detalles de la época colonial, obviamente acondicionada como restaurante familiar, pero había un espacio en el interior , justo en el patio trasero, donde se había adaptado un lugar más bohemio e inclusive había un grupo musical tocando música tranquila, así que justo en este sitio fué donde elegimos una pequeña mesa, para dos personas , y a diferencia de la parte delantera del lugar , donde había familias consumiendo pizzas, hamburguesas, hot dogs, o cualquier otra comida chatarra, en medio de paredes decoradas con brillantes colores, y la iluminación de un sitio de convivencia familiar, en el lugar donde nosotros nos disponíamos a cenar era iluminado con luces más tenues, y cada una de las mesas estaban decoradas con velas dentro de un contenedor de cristal, así que todo en conjunto , lugar, luces, música y sobretodo la comida ya que ahí se servían platillos diferentes, como ensaladas , espagueti y algunos guisos más sofisticados , así que el ambiente estaba lleno de romanticismo ; Berenice se veía feliz y mientras nos traían los platillos que habíamos elegido , nos tomamos de la mano y mientras escuchábamos el tema de "Melodía desencadenada" , interpretada completamente en español por el grupo musical, nos dimos un largo beso en los labios y nuestros cuerpos temblaban , mientras que nuestros corazones latían aceleradamente...Ambos nos sentíamos en el paraíso.

Terminada la cena pedimos algo de beber pero como no teníamos mucha experiencia en bebidas alcohólicas, solo pedimos una bebida preparada, Berenice pidió la bebida conocida como "Paloma", que en ese lugar la preparaban en un vaso de vidrio , escarchado con un poco de sal y limón ,agregando después hielo , refresco de toronja, un poco de tequila , sal y jugo de limón, y yo por mi parte elegí un "Vampiro", el cual era preparado en un vaso de vidrio, escarchado con limón y Tajín , agregando después un poco de hielo , refresco de toronja , sangrita , tequila , jugo de limón y sal; Cuando terminamos nuestra bebida bailamos un par de canciones románticas, abrazados , nos dimos un nuevo beso y cuando terminó la segunda canción pagué la cuenta y nos retiramos del lugar , nuestra cita había llegado a su clímax porque era el momento en que nos entregaríamos completamente para sellar con broche de oro tan perfecto día.

Eran casi las 11pm cuando llegamos a un
sencillo, pero agradable y confortable hotel,
que estaba a unas cuantas calles del centro
de la ciudad , así que llegamos caminando
tranquilamente, tomados de la mano, solo
iluminados por la luz de la luna, una hermosa
luna llena , que llenaba la atmosfera de
romanticismo ; Era la primera vez que
iríamos a un hotel solos, ya que en algunas
ocasiones habíamos salido de viaje con
nuestras respectivas familias, pero siempre
nuestros padres se encargaban de todo
cuando llegábamos al lugar donde nos
hospedaríamos , estábamos bastante
nerviosos, sentíamos que todo el mundo nos
veía, pero ya estábamos decididos así que
nos tomamos de la mano y entramos juntos,
llegamos a recepción, donde fuimos
recibidos por una mujer de unos 40 años,
muy atenta, que al vernos se limitó solo a
preguntarnos--¿Se quedaran toda la noche o
solo lo normal?...3 horas---Y fuí yo el que
contestó a la pregunta---¡Toda la noche!---
Entonces mirándome de pies a cabeza,
mientras sonreía irónicamente, la mujer tomó
un juego de llaves de un pequeño nicho , de
tantos que había en una pared, que se
encontraba detrás de ella y colocándolas
sobre el mostrador nos dijo---¡Habitación

24...Son 800 pesos, vence a la 1 de la tarde mañana---Y un poco sonrojado pagué los 800 pesos , tomé las llaves y junto con Berenice nos dirigimos a la habitación 24.

El momento tan esperado por fin había
llegado, entramos a la habitación , era
bastante cómoda, Berenice se sentó en la
cama y colocó su bolsa en una pequeña
repisa , que se encontraba junto a la cama, y
yo por mi parte tomé el control remoto de la
televisión, que se encontraba colocado sobre
un par de toallas dobladas , que habían
puesto en el centro de la cama, sobre estas
toallas también había un par de pequeños
jabones, entonces encendí la televisión y
sintonicé un canal donde había videos
musicales pero solo miramos un par de ellos
, despues me incorporé para dirigirme al
baño y me bañe rápidamente , después de
secar mi cuerpo solo me vestí con mi ropa
interior y envolviendo mi cuerpo con la toalla
regresé a la cama , donde aún se encontraba
Berenice, puso música en su celular y había
apagado las luces de la habitación pero en su
lugar había colocado un par de pequeñas
velas aromáticas , una de cada lado de la
cama ,justo en las pequeñas repisas, tenían
un delicioso aroma a vainilla, llenando todo
el lugar con una atmosfera afrodisiaca y justo
cuando me vio salir del baño se incorporó de
inmediato y me dijo antes de meterse al baño
con una pequeña bolsa de regalo entre sus
manos---¡Deja me preparo mi amor!---Y

después de casi 20 minutos de espera , Berenice salió del baño con la toalla cubriendo su cuerpo , tenía su cabello húmedo y su rostro ya no tenía maquillaje, pero aún así lucía perfecta, tanto así que me quedé inmóvil solo contemplando su rostro , pero cuando se despojó de la tolla , tirándola al suelo , quedé impactado ya que su cuerpo era hermoso , tenía un conjunto de lencería de encaje de dos prendas, un sostén de media copa con un bóxer cachetero de encaje, todo en color rojo que en su tono de piel se veía perfecto, después caminó lentamente hacía la cama , donde yo me encontraba , durante el tiempo que ella había pasado dentro del baño yo me había vuelto a vestir, pantalón , camisa, así que me puse de pie junto a la cama y cuando ella se colocó junto a mí y me besó en los labios, todo mi cuerpo temblaba de excitación entonces la abracé , rodeándola con mis brazos por la cintura y cuando nuestros cuerpos se unieron supe que también temblaba y fué ahí donde dio inicio nuestra tan especial noche...Pero a veces las cosas no salen como se planean ya que ambos éramos vírgenes e inexpertos en el tema, así que de inicio cuando intenté abrir el empaque de un condón lo perforé por hacerlo con los dientes, entonces saqué otro del empaque y este si conseguí extraerlo pero después de varios intentos y con algo de incomodidad logré ponerme el preservativo , la siguiente complicación fué ,que debido a que Berenice era virgen, tenía su vagina cerrada , causando que al intentar penetrarla por primera vez le causara un gran dolor y sangrado al romper su himen pero después de varios intentos con la luz encendida pudimos fusionarnos en un solo cuerpo, mientras escuchábamos el tema musical, "Primera vez" del interprete Ricardo Arjona, dio inicio nuestro primer acto sexual y fué justo ahí donde surgió el segundo contratiempo pero este fué psicológico...Desde muy temprana edad y con los avances en la tecnología actual, creo que desde niños, llenamos nuestras mentes de tanta pornografía que cuando tenemos nuestra primera experiencia confundimos sexo con hacer el amor, quitando lo más hermoso a esa bella expresión de amor y la convertimos en relaciones sucias , ademas de que empezamos a ver a las mujeres como objetos y no como compañeras de vida , a las cuales debemos amar , respetar y cuidar como el regalo más hermoso que Dios nos obsequió ya que por medio de ellas conocemos el amor en todo su esplendor; A pesar de todos los contratiempos concluimos nuestra primera relación sexual , llegando juntos al clímax, pero la verdad quedamos con un mal sabor de boca y sintiendo un vacío en nuestro interior nos quedamos dormidos abrazados , sintiendo el calor de nuestros cuerpos , sudorosos , cubiertos de nuestros propios fluidos y algo de sangre pero estábamos agotados, eran casi las 3 de la mañana, así que nos quedamos profundamente dormidos en cuestión de minutos.

Eran pasadas de las 10 de la mañana cuando desperté, aún tenía los brazos de Berenice sobre mi pecho, así que lentamente moví mi cuerpo procurando no despertarla y después de hacerlo me incorporé para dirigirme al baño pero antes de hacerlo me quedé un par de minutos admirando su hermoso cuerpo desnudo , con la claridad de la luz que se filtraba por una de las ventanas de la habitación 24, pude observar con detenimiento cada centímetro de su figura, y en verdad que me fascinaba desde la punta de sus cabellos hasta los dedos de sus pies , toda ella , mi Berenice , después de esa noche estaba seguro de que quería compartir el resto de mi vida con ella; Fui al sanitario para orinar , lavarme la cara y me disponía a regresar a la cama pero me llevé una sorpresa al encontrar a Berenice despierta , permanecía aún recostada sobre la cama, solo se había puesto mi camisa encima, sin sostén, eso la hacía ver bastante sensual , así que me apresuré para acostarme de nuevo con ella pero no me dejó dar más de dos pasos---¡Espera un poco Uriel!...¡Déjame verte bien! Tú ya me observaste mientras dormía , así que ahora es mi turno---Y permanecí de pie mientras me observaba de pies a cabeza, estaba completamente desnudo, pero no me sentía apenado por mi desnudes, lo que me hacía sentir mal era que después de mis padres y algunos doctores , ella era la primera persona que veía todas las cicatrices que tengo en mi cuerpo, marcas en piernas, brazos , un par de pequeños circulos en mi costado derecho , justo a la altura del ombligo, ella solo había visto mis dedos de la mano izquierda deformes pero nada más, entonces se puso de pie y colocándose junto a mi comenzó a tocar mi cuerpo con sus manos recorriendo todos los pliegues de mis cicatrices y justo cuando llegó a mi espalda , besó justo en medio de mis omóplatos, esto hizo erizar todo mi cuerpo , y envolviéndome con sus brazos susurró en mi oído---¡Eres hermoso Uriel!---Entonces giró mi cabeza con sus manos y besándome en los labios me tomó de la mano , para después abrazarme otra vez y juntos entramos en el baño para bañarnos juntos, esto nos éxito tanto que entre besos y caricias bajo la regadera comenzamos de nuevo a hacer al amor y esta vez fué extraordinario ya que no hubo dolor ni sangre solo placer.

Ya aseados y satisfechos salimos del hotel , caminamos unas cuantas calles hasta que llegamos de nuevo al lugar de la noche anterior , pero esta vez comimos en la parte familiar, rodeados de decenas de padres de familia y sus hijos, después caminamos para abordar el autobús , con rumbo a nuestros hogares no sin antes despedirnos con un largo y apasionado beso en los labios , después de la noche anterior nos sentíamos lo suficientemente adultos para no tener que dar explicaciones a nadie de nuestra vida sexual , ahora activa , pero por el momento nadie debería saber nada de lo sucedido así que simplemente regresamos a nuestras casas y seguimos con nuestras respectivas cuartadas...El viaje escolar de Berenice y la fiesta a la que se supone yo había ido la noche anterior.

2

"NOTICIA INESPERADA"

Después de tan especial noche tratamos de seguir con nuestras vidas de manera normal, pero nos fué imposible , ya que el sexo se convirtió en algo cotidiano, aprovechábamos cualquier oportunidad para tener encuentros, visitábamos el mismo hotel por lo menos una vez a la semana , hicimos amistad con la mujer encargada de recepción , que ya nos recibía con una sonrisa y las llaves de la misma habitación---¡La misma habitación de siempre muchachos...La numero 24!---decía siempre que nos veía llegar, y cada vez lo disfrutábamos más , creyéndonos lo bastante experimentados dejamos de usar condón para según nosotros disfrutarnos mutuamente al 100%, pero casi 6 meses después sucedió lo que era de esperarse; Pasó durante una de nuestras clases en la preparatoria, Berenice se sentaba casi hasta el frente , a unos metros del escritorio del profesor de historia, que en ese momento se encontraba leyendo una capitulo referente a la llegada de los españoles al continente americano , así que la mayoría de mis compañeros estaban atentos a lo que escuchaban , ya que sabían que esa información sería parte del siguiente examen, pero sobre todo era porque debido

a que el profesor era un verdadero
apasionado de la historia de México , su clase
siempre se tornaba bastante interesante ,
debido a la forma tan peculiar   que tenía
decontar los acontecimientos pasados, yo
por mi parte me encontraba sentado un par
de filas ala derecha de ella y casi hasta la
última silla, también me encontraba atento a
las palabras del profesor ,con papel y lápiz
en la mano , tomaba todas las notas que me
fueran posibles; La interesante narrativa se
detuvo de pronto, el profesor permaneció en
silencio unos 5 o 6 segundos, había dejado
de observar el libro que leía y ahora
permanecía con la mirada fija al frente, sus
anteojos habían resbalado un poco , debido a
la inclinación de su cabeza, así que las
reacomodó y levantando un poco la mirada ,
observó directamente a Berenice y le
preguntó---¿Se encuentra bien señorita
Berenice? Esta bastante pálida---Pero la
respuesta no llegó y ante la mirada de todos
los presentes, eso me incluía a mí, Berenice
se desvaneció sobre su silla y estuvo a punto
de caer al suelo pero fué detenida a tiempo
por el compañero que se encontraba sentado
junto a ella , entonces el profesor se
incorporó rápidamente de su escritorio y a
pesar de que era un hombre de unos 55

años, conservaba fortaleza en su cuerpo , así que tomó a Berenice entre sus brazos y justo cuando se disponía a salir hacía la enfermería de la preparatoria giró su cabeza y mirándome fijamente me dijo---¡Uriel acompáñame por favor!---Y sin decir una sola palabra salí del aula junto con el profesor para que atendieran a Berenice; Solamente unos 5 minutos permaneció inconsciente Berenice ya que en la enfermería contaban con sales y alcohol para ese tipo de emergencias , ya despierta Berenice fué revisada por la enfermera y al no encontrar ningún problema físico en ella su diagnóstico apresurado fué, simple debilidad por no alimentarse bien o tal vez un poco de insolación ya que una hora antes de la clase de historia habíamos tenido educación física en el patio del colegio y hacía bastante calor.

Un par de días después de lo sucedido en el salón de clases pasó otro acontecimiento, nos encontrábamos en mi casa, solos Berenice y yo, se supone que estábamos haciendo un trabajo para la escuela, como muchas veces lo habíamos hecho pero al encontrarnos solos no desaprovechamos la ocasión y haciendo los libros a un lado tuvimos sexo , sin preservativo para sentir más placer al natural ; Después de más de hora y media de entregarnos en cuerpo y alma nos recostamos en la cama, exhaustos , sudorosos , pero satisfechos, tomados de las manos , con la mirada hacia el techo y justo cuando nos disponíamos a darnos un beso , Berenice se incorporó rápidamente y salió de la habitación , sin importarle siquiera el hecho de estar completamente desnuda, entró rápidamente al sanitario y comenzó a vomitar , lo hizo por varios minutos , mientras permanecía de rodillas junto al retrete, y cuando se puso de pie para lavarse la cara en el lavabo yo me encontraba en la puerta del cuarto de baño , entonces Berenice terminó de lavarse la cara y cuando giró su rostro para secarse la cara ya la estaba esperando con la toalla en mis manos, le ayudé a secarse y ambos regresamos a mi habitación , su rostro estaba pálido y parte de su maquillaje, o por lo menos lo que quedaba de él, esparcido en su cuello y su cabello, así que sin decir una palabra nos apresuramos a regresar al baño para bañarnos , antes de que mis padres regresaran.

Una hora más tarde mis padres regresaron
pero ya todo estaba en calma , Berenice y yo
nos encontrábamos en mi habitación ,
aseados , vestidos y concluyendo el trabajo
escolar así que unos 15 minutos despúes
acompañé a Berenice a su casa , no sin antes
ponernos de acuerdo ,para vernos al día
siguiente , muy temprano y llevarla con un
médico para que le hiciera unos análisis
clínicos, para saber de una vez por todas cuál
era su estado de salud; Esa noche tuve de
nuevo la pesadilla de las criaturas con ojos
rojos que acostumbraba soñar desde niño,
estos sueños se habían dejado de presentar
desde que habíamos iniciado nuestros
encuentros sexuales, pero esa noche
regresaron las pesadillas , solo que ahora
incluyeron a Berenice , el sueño inició como
de costumbre pero justo cuando me iban a
atacar , como normalmente sucedía ,se
escuchó la voz de Berenice---¡¡Déjenlo en paz
!!---Les gritó y las sombras se detuvieron pero
al verla de pie a unos cuantos metros,
corrieron hacía ella y sin que yo pudiera
siquiera moverme comenzaron a atacarle con
sus garras y dientes , arrancando grandes
trozos de carne y piel, mientras que ella
lloraba de dolor yo lo hacía de
impotencia...Empapado de sudor y con el

corazón a mil por hora desperté, tenía lágrimas en mis ojos, en verdad amaba a Berenice y solo de pensar en que algo malo le pasara mi alma se partía en dos. Entre sollozos y lágrimas me volví a acostar en mi cama y tardé unos 20 minutos en volver a dormir, ya no soñé nada más.

....Eran casi las 9 am cuando llegamos a la clínica donde teníamos la cita para que le hicieran unos análisis a Berenice , estaba justo en el centro de la ciudad , a unas cuantas calles del hotel donde habíamos tenido nuestro primer encuentro sexual, era un lugar pequeño pero bastante confiable y sobretodo discreto, entramos y nos recibió una empleada en recepción , tomó nuestros datos , pasamos a la caja a pagar el monto del servicio, no fué muy caro así que cubrí el costo fácilmente, después nos dirigimos a una sala de espera donde había una decena de personas , entre ellas 3 parejas de diferentes edades , así que no tuvimos que esperar mucho, unos 30 minutos y nos hicieron pasar al interior , donde había varios espacios reservados para diferentes tipos de chequeos médicos , entonces uno a uno fueron recorridos por Berenice y yo con ella obvio, iniciaron con su estatura, su peso , su presión, su ritmo cardiaco, nivel de glucosa , vista, oido,orina y finalmente extrajeron un poco de su sangre, todo salió perfecto pero los resultados del análisis de orina y de sangre tardarían un par de horas así que salimos de la clínica y nos fuimos a desayunar cerca de ahí, a un sencillo café , donde el tiempo se nos fué volando y puntuales regresamos 2 horas después , solo tuvimos que recoger los resultados en recepción, la mujer que anteriormente nos había recibido nos entregó un sobre cerrado y después de darle las gracias nos dirigimos hacia la plaza principal , nos sentamos en una banca , a unos pasos del zócalo y juntos abrimos el sobre con los resultados...Berenice estaba embarazada, tenía casi 1 mes de gestación.

Abrí mis ojos y solo pude ver a Berenice , me veía con su rostro pálido y sus hermosos ojos llorosos , al parecer debido a la impresión de la noticia de su embarazo había sufrido uno de mis desmayos, pero gracias a que nos encontrábamos sentados en una de las bancas no caí al suelo, así que desperté sobre sus piernas, nadie se dio cuenta , porque era temprano y no había muchas personas en el lugar, después de unos 15 minutos abandonamos la plaza con rumbo a nuestros respectivos hogares, no hablamos una sola palabra durante el trayecto...El curso de nuestras vidas había dado un giro de 180 grados, tan solo unos meses atrás nos sentíamos lo suficientemente adultos para tener relaciones irresponsablemente y ahora solo pensábamos " solo somos unos niños y no estamos listos para ser padres".

3

"DIFICIL DESICIÓN"

Casi una semana despues de que nos dieran la noticia , Berenice y yo habíamos decidido darnos una semana para hablarlo con nuestros padres, ademas de ver algunas soluciones a nuestra "situación" , como le llamamos al embarazo , sin vernos, sin llamarnos, sin hablarnos en la escuela, en las clases , en verdad se me partía el corazón no dirigirle la palabra, así que los siete días se me hicieron eternos pero el domingo temprano nos reunimos en la plaza de la ciudad, eran las 10 de la mañana , así que desayunamos en un pequeño café , que se encontraba cerca de ahí---¿Como la pasaste en esta semana?---Pregunté a Berenice y ella sin decir una sola palabra me abrazó y mientras lo hacía comenzó a sollozar---¡No pude decirles nada a mis padres!...Me dio mucho miedo, mi padre es muy estricto en las reglas de la casa y no sé cómo lo vaya a tomar, pero creo que mi mamá ya sospecha , porque me descubrió un par de veces vomitando en el cuarto de baño...Uriel ¿Que vamos a hacer?---Tratando de mostrar serenidad y algo de tranquilidad le contesté---No te preocupes, yo tampoco pude decirles nada a mis padres , pero no sé qué vamos a hacer , no estamos preparados para ser

padres, ademas tenemos muchos planes para
nuestro futuro---Berenice solo escuchó mis
palabras y permaneció en silencio por
algunos segundos , con la cabeza abajo ,
después levantó de nuevo la mirada y con
sus ojos llenos de lágrimas me dijo---¡Creo
que lo mejor será , que aborte!---Y
cubriéndose el rostro con las manos , agacho
de nuevo la cabeza para comenzar a llorar
desconsoladamente, mientras que yo solo
pude abrazarla y esta vez ya no aguanté más
y un par de lágrimas brotaron de mis ojos;
Minutos después ya cuando nos habíamos
calmado un poco le pregunté---¿De verdad
quieres abortar a nuestro hijo?...Tiene que
haber otra solución---Pero ella insistió---No
tenemos otra opción, ademas aún estamos a
tiempo estuve investigando un poco y ahora
en algunos estados de México el aborto es
legal, solo que tiene que ser antes de los 3
meses de gestación---Esta vez fuí yo el que
me quedé en silencio por algunos segundos
y después de pensarlo mucho le dije---Lo
mejor será decirles de una vez a nuestros
padres ellos sabrán aconsejarnos---Berenice
comenzó a temblar con tan solo escuchar mis
palabras y bastante temerosa me dijo---¡Tus
padres son muy comprensivos! Pero los míos
no, ellos fueron educados a la antigua, y

sobre todo mi padre, él no creo que lo tome
con tranquilidad, soy la más grande de sus
hijos, somos cuatro dos mujeres y dos
hombrecitos , yo soy la mayor, así que no
creo que sea un buen ejemplo...Yo ya
investigué un poco acerca del aborto, ademas
de que a una de mis compañeras le sucedió
algo, fué a una fiesta con algunas de sus
"amigas", donde le sirvieron una bebida con
algún tipo de droga, perdió la consciencia
por algunas horas , despertando sola en un
motel fuera de la ciudad, en este lugar fue
violada por varios sujetos y abandonada
pensando que ya no despertaría, al día
siguiente su mamá la llevó a levantar una
denuncia al ministerio público, la revisaron
medicamente y descubrieron con horror que
dentro de su vagina, ano y boca tenía más de
10 muestras de semen masculino diferentes,
lo peor del caso fué que estaba ovulando y
casi mes y medio después de aquella noche
descubrió que su menstruación tenía unos
días de atraso , ademas de que empezó a
sufrir de mareos y vómito , así que
acompañada de su madre se hizo unos
análisis y descubrió que había quedado
preñada de alguno de sus violadores,
entonces ahí mismo la doctora que la había

examinado le dijo que debido a las circunstancias de su embarazo, sobre todo por la gran cantidad de droga que había en su organismo y el de sus atacantes cuando el embrión fué concebido , lo más probable sería que el feto se desarrollara con algún tipo de malformación, así que lo mejor sería interrumpir la gestación lo más rápido posible pero debido a que en nuestra ciudad es ilegal , les dieron la dirección de un médico especialista en otro estado de nuestro país, donde es legal el aborto, no era una decisión fácil pero tuvo el apoyo de sus padres y después de platicarlo y pensarlo unos días , una semana después fue ,acompañada por ambos padres e interrumpieron su embarazo en una clínica donde uno de sus servicios es el aborto y sobretodo es un lugar legalizado por la secretaria de salud, entonces solo tengo que averiguar donde se encuentra dicha clínica y en un fin de semana vamos---Pero al escuchar sus palabras solo le pregunté---¿En verdad que quieres hacerlo?---Y de nueva cuenta Berenice solo permaneció en silencio, mirándome fijamente a los ojos y poco a poco su semblante fué cambiando y entre lágrimas y sollozos me dijo , al mismo tiempo que me abrazaba---¡¡Por supuesto que no!!Pero tengo mucho miedo a mis padres y temo de que me dejes sola... ¿No me vas a botar?, ¿Me vas a apoyar Uriel? Por favor ¡Contéstame!---Y tomando su cara con mis manos, le limpié las lágrimas de sus ojos con mis dedos la besé en la frente, en cada una de las mejillas y finalmente en los labios, un largo y tierno beso--- ¡Jamás te abandonaré! Porque te amo , te apoyaré pase lo que pase, pero en verdad tenemos que hablar con nuestros padres---Le dije , después de terminar de besarla y permanecimos abrazados por más de 10 minutos, no queríamos que ese momento terminara pero teníamos que enfrentar a nuestros padres y entre más pronto mejor.

Ya cuando íbamos en el transporte público le dije a Berenice que la acompañaría a su casa para hablar con sus padres pero ella se negó rotundamente , porque tenía miedo de que su padre reaccionara de una forma violenta contra mi persona , así que lo mejor era hablar cada uno con nuestros respectivos padres así que cuando descendimos del transporte público nos despedimos con un beso y nos dirigimos cada quien a su casa; Cuando llegué a mi casa mis padres no estaban , los esperé por casi 2 horas , con un nudo en la garganta y una sensación de vacío en mi estómago, estaba aterrado, no sabía por dónde empezar, pero debido a que no llegaban salí a la calle a caminar un poco y cuando apenas había caminado una media cuadra me topé con un compañero de la preparatoria y me invitó a una pequeña reunión en su casa , no le pude decir nada, solo lo seguí como si fuera un zombie, él vivía a unas cuantas calles de mi casa así que llegamos en unos 15 minutos, entramos en su casa y dentro del patio trasero de su casa había unas 20 personas, entre compañeros y algunos parientes , ademas de sus padres, de mi compañero, en medio del patio había una parrilla, con carne asada, varias mesas y sillas, música , bebida, todo para pasarla bien, así que solo me dejé llevar, y entre comida , bebida, baile, se me fué el tiempo por más de 6 horas, y aunque yo solo permanecí sentado en una mesa, comí poco, y solo bebí refresco, me sentí bastante cómodo con todas esas personas y por un tiempo me olvidé de Berenice, del bebe, y de lo que le tendría que decir a mis padres.

Eran casi las 9 de la noche cuando mi teléfono sonó y tuve que salir corriendo a la calle para poder contestar y era mi padre---¡Uriel hijo mío! ¿Dónde estás?---Y solo le contesté en la casa de mi compañero Juan, me invitó a una fiesta en su casa---Y lo que me dijo mi padre me regresó a la realidad, sentí como si me hubieran echado una cubeta de agua fría--- ¡Espérame afuera de la casa de juan! Ahorita mismo voy por ti...Tu novia Berenice llegó a la casa llorando y con una maleta y no quiso decir nada hasta que tu estés presente lo único que nos preguntó fué que si tú ya habías hablado con nosotros...¿De qué tenías que hablar con nosotros?---Y temblando solo pude decirle---¡Ahorita hablamos!---Y corté la llamada; Unos 10 minutos tardó mi padre en llegar a la casa de juan, llegó en su automóvil, subí en el asiento trasero sin decir una sola palabra , el solo me dijo---¡Berenice está muy alterada, no ha parado de llorar! Pero ahorita que lleguemos a la casa hablamos.

Cuando llegamos a nuestra casa , mi papá estacionó su automóvil en la cochera de la casa, ambos bajamos del auto, aún sin decir una sola palabra entramos a nuestra casa y al llegar a la sala encontramos a mi madre y a Berenice bebiendo te, ambas sonriendo , Berenice tenía sus ojos rojos e hinchados de llorar pero ya no lo hacía; Cuando nos vieron llegar ambas se quedaron en silencio , entonces sin decir una sola palabra , solo con un movimiento de su mano mi padre me indicó que tenía que sentarme junto a Berenice, y así lo hice , él por su parte se sentó a lado de mi madre y esta vez con su semblante bastante serio comenzó a hablar---¡Antes que nada ! ¡Buenas noches a todos!---Y todos los presentes contestamos al mismo tiempo---¡¡Buenas noches!!---Y Mirándonos directamente a los ojos a Berenice y a mí preguntó---¡Berenice, Uriel!¿Cuantos meses tiene de gestación su bebe?---No contestamos , ambos nos quedamos fríos con la pregunta , ¿Como lo había descubierto?...¿A caso Barnice ya les había dicho?, ambos nos miramos mutuamente con un poco de enojo, pensando que alguno había contado del embarazo de Berenice , pero mi padre , cambiando su semblante serio ,por uno más relajado, sonriendo nos dijo---No se acusen uno al otro , ninguno de los dos a dicho una sola palabra---Y fuí yo el que pronunció palabra, solo para preguntarle---¿Cómo lo supiste? Y ¿Desde hace cuánto?---Mi madre abrazó a mi padre y sonriendo habló---No hay nada que un hijo le pueda ocultar a sus padres, ya deberían de saberlo, es una verdad universal, porque casi todo lo aprenden de sus padres , pero a veces los dejamos creer que nos están engañando, solo para saber hasta donde son capaces de llegar, no hay persona que los conozca más que sus padres---Y se incorporó para dirigirse a la cocina, así que mi padre siguió hablando---Sabemos que desde hace tiempo que tienen relaciones sexuales, si no me equivoco su primera vez fue el 14 de febrero, lo supimos por varias razones, la primera es porque tú nunca duermes en otra casa que no sea la tuya, aún cuando vas a fiestas, siempre llegas a dormir, la segunda es que precisamente ese día la madre de Berenice le comentó a tu mamá que su hija iba a ir a un viaje escolar y que pasaría la noche fuera...¡Qué casualidad !, la tercera el 14 de febrero es la fecha perfecta para que alguien enamorado tenga un momento especial, la cuarta , desde ese 14 de febrero dejaste de tener tus acostumbradas pesadillas, eso era señal de que estabas lo bastante relajado para que nada perturbara tus sueños, eso solo podía ser amor o sexo , el amor ya lo tenías desde que conociste a Berenice así que por lógica era sexo , y la ultima y que mucha gente no nota, pero nosotros sí porque los vimos crecer a ambos, cuando una persona tiene relaciones sexuales tiene un brillo especial en sus ojos y ustedes tienen ese brillo desde hace meses---Justo en ese momento mi madre llegó de la cocina con un par de tazas de café y entregó una a mi padre mientras le decía---Negro con dos de azúcar , como te gusta---Después me entregó la otra taza que sostenía en su otra mano y me dijo---Una de café, tres de azúcar y dos de crema---Y después se sentó junto a mi padre y prosiguió con la conversación, justo donde se había quedado mi padre , parecía como si ambos estuvieran conectados, se dice que eso es lo que sucede con las parejas que tienen bastante tiempo juntos---Tu padre y yo supimos que algo andaba mal cuando recibimos la noticia del desmayo que tuvo Berenice en la escuela, durante la clase de historia, todos los padres de familia fuimos notificados por medio de un correo

electrónico, ademas de que tienes varios días
que tus pesadillas regresaron , y sobretodo
Berenice tiene un mal semblante desde hace
varias semanas, así que solo es tan simple de
deducir que Berenice está embarazada, pero
ahora la pregunta importante sería...¿Que
piensan hacer al respecto?---No hubo
respuesta, tanto Berenice como yo
permanecimos en silencio, entonces mi padre
habló de nuevo---Saben mis niños el cuerpo
humano está diseñado para empezar su
desarrollo sexual durante la pubertad, así
que desde los 12 o 14 años sus aparatos
reproductores están preparados para
concebir, pero psicológicamente la edad ideal
para ser padres es después de los 25, pero
en mi experiencia personal les digo que no
hay edad en la que se esté preparado para la
paternidad y ustedes son muy jóvenes para
ser padres, ademas de que tienen muchos
planes para su futuro , así que les hago la
misma pregunta ¿Que piensan hacer con este
embarazo?---Y ambos nos miramos fijamente
por algunos segundos y fué Berenice la que
entre sollozos habló---¡No sé! Cuando le
conté a mi mamá en la mañana se puso
histérica, tanto así que me corrió de la casa,
me gritó que había traicionado su confianza,
y que lo mejor sería que me fuera antes de

que mi papá se diera cuenta, estaba bastante asustada , abrió la puerta de la casa y literalmente me arrojó a la calle...No tenía a donde ir así que me fuí a caminar sin rumbo y entré a una iglesia que está a dos colonias de aquí, ahí permanecí por unas horas ,tratando de encontrar una solución y después le pedí perdón a Dios por la decisión que había tomado , después vine aquí para buscarte pero no estabas---Y agacho su cabeza para limpiar sus lágrimas---¡Voy a abortar al bebe! Ya lo decidí---Y cuando terminó de hablar todo el lugar se quedó en completo silencio, hasta que sonó el timbre de la puerta varias veces, al inicio y después se escucharon fuertes golpes en la puerta, seguidos por gritos de un hombre furioso...Era el papá de Berenice , don Juan Ramos había llegado a mi casa---¿Cómo supo que estaba aquí?---Preguntó Berenice, bastante temerosa---¡Yo le avisé por teléfono a tu madre, cuando fui a la cocina a preparar el café, hace unas horas vino a buscarte aquí, pero era cuando Uriel se encontraba en la fiesta con sus amigos, se veía bastante preocupada , y me pidió de favor que la llamara si acaso venías aquí, pero es mejor ahora que están los dos juntos y sobretodo

nosotros , llegó la hora de confrontar a tu
padre---Concluyó mi madre y de inmediato se
incorporó para ir a abrir la puerta y en cuanto
lo hizo el padre de Berenice entró a la casa---
¿Donde esta?¿Dónde está ese desgraciado
que abusó de mi niña?¡Lo voy a matar al
maldito!---Al parecer estaba ebrio así que
entre tropiezos llegó a la sala donde nos
encontrábamos sentados Berenice y yo, y al
vernos juntos se encolerizó aún más y se
abalanzó contra mí , apretando los puños ,
dispuesto a golpearme pero justo cuando
lanzó al primer puñetazo a mi rostro,
Berenice dio un grito y yo cerré mis ojos
esperando el fuerte impacto, pero no
sucedió; Cuando abrí de nuevo mis ojos mi
padre lo tenía sujeto por la espalda, lo
mantenía inmóvil sosteniendo uno de sus
brazos doblados detrás de la espalda y entre
gritos de furia---¡¡Suélteme lo voy a
matar!!¡Suélteme!---Pero mi padre no lo soltó,
lo sostenía firmemente---¡¡Tranquilícese por
favor, don Juan!!¡Cálmese debemos platicar
con calma!---Y estas palabras lo enfurecieron
aún más--- ¡Lo defiende! Pues claro es su
hijo...¡Suélteme!---Pero mi padre no lo
obedeció, después solo surgieron gemidos y
algo parecido a gruñidos, por algunos
segundos más , hasta que entraron en la sala

, mi mamá y la mamá de Berenice, Sofía Sánchez era su nombre, sollozaba---¡Cálmate Juan!¿No te da vergüenza con los señores?---Y como por arte de magia el papá de Berenice se calmó y ya más relajado ambos padres de Berenice se sentaron en otro de los sillones de la sala, mi madre fué rápidamente a la cocina y regresó con un par de tazas de solo que una de ellas contenía te de manzanilla , para la mamá de Berenice y la otra contenía café negro sin azúcar y bastante fuerte para contrarrestar un poco el efecto del alcohol, nos tomó un par de minutos conseguir estar de nuevo en calma, y fué mi padre el que prosiguió---Pues ya que nos encontramos más calmados debemos seguir con nuestra platica...Berenice nos acababa de decir que había decidido abortar al bebe que está en su vientre---Y la reacción de sus padres no se hizo esperar, doña Sofía con los ojos llenos de lágrimas preguntó a Berenice---¿Por qué quieres matar a tu hijo ?---Y don Juan fué un poco más enérgico con su pregunta--- Entonces ¿No piensan casarse?¿Qué ejemplo les vas a dar a tus hermanos?---Pero Berenice no contestó , mi padre tomó la palabra de nuevo---Creo que Berenice ya tomó su decisión y debemos de respetarla, pero yo también voy a hacer unas cuantas preguntas, la primera a Uriel...¡Hijo mío! ¿Tú estás de acuerdo con Berenice? ¿Que lo mejor es interrumpir el embarazo?---Y yo no pude contestar solo lo miré a los ojos por unos segundos y después agaché la cabeza---Lo imaginé, para tomar una decisión tan radical ambos deben de estar de acuerdo...Bueno ahora la segunda pregunta es para ti Berenice, ¿Sabes que es un aborto?---Y Berenice segura de sí misma contestó---Es la interrupción de un embarazo---Y mi padre con semblante serio la miró a los ojos y le hizo varias preguntas más---Y ¿tú sabes ?acaso ¿cuantos tipos de aborto hay? Y ¿Cómo es el proceso para la interrupción del embarazo? Como tú le acabas de decir---Y esta vez Berenice permaneció en silencio, entonces mi padre , aclarándose la voz dijo--- Justo lo que pensaba, mira pues creo que debes de escucharme con atención y después me dices si aún piensas lo mismo...Existen 2 tipos de aborto , el primero es "el aborto espontaneo" y el segundo es "el aborto inducido"...El aborto espontaneo es aquel que sus causas son naturales, a veces son condiciones médicas, como algún tipo de daño en el utero,por alguna malformación , o daño físico debido a alguna lesión interna

por algún golpe ,debilidad física en la madre
, algún tipo de infección, a veces puede
suceder por alguna exaltación emocional
,anomalías congénitas del feto,
frecuentemente genéticas, provocando la
expulsión involuntaria del embrión, el
segundo es el aborto inducido , es el que es
provocado intencionalmente , por medio de
medicamentos o con una intervención
mecánica, el cual a su vez se divide en dos
tipos, el aborto terapéutico , que consiste en
interrumpir el embarazo porque existe algún
tipo de riesgo medico ya sea en la madre o
en el feto, y el aborto inducido
voluntariamente ...¿Cual elegirías tú ? ¿El que
se hace por medio de medicamentos o el que
se consigue con una intervención quirúrgica?-
--Preguntó mi padre a Berenice y esta le
contestó con una pregunta--- ¿Cual me
causará más daño?---Pero don juan, el papá
de Berenice, no dejó que mi padre contestara
la pregunta, reaccionó violentamente y se
puso de pie para decir---¡¡No permitiré que
asesines a un inocente!!---Entonces mi padre
también se incorporó--- ¡Cálmese por favor!
Aún no se decide nada---Pero don Juan no se
calmó---¿Entonces su hijo no piensa casarse
con mi niña?¡Cobarde!---Mi padre no perdió la

calma pero miró directamente a los ojos a
don Juan y solo le dijo---Para eso estamos
todos aquí, siéntese por favor y espere hasta
que termine---Funcionó ya que don Juan
volvió a sentarse , dio un gran trago a su taza
de café y solo dijo---Esta bien...siga hablando-
-- Entonces ya todo el ambiente en calma mi
padre reinició con su explicación---En el
aborto inducido existen dos métodos, el
farmacológico y el instrumental...En el
farmacológico en la actualidad es común que
se utilice "Misoprostol", puede tardar unas
horas, inclusive días , según como reaccione
el organismo de cada mujer, algunos de sus
efectos secundarios son...Sangrado, dolor,
escalofrios,fiebre,diarrea, nauseas, vómitos,
por horas o días según reaccione el
organismo femenino...pero con algunos
analgésicos se calman los síntomas; El
método instrumental consiste en hacer una
intervención médica, a veces se utiliza la
aspiración del feto, otras veces, la dilatación,
y algunas más una cirugía para la extracción
directa del feto, en la cual se utiliza anestesia
local o general... algunos de sus efectos
secundarios son Sangrado, dolor y algunas
molestias como una menstruación común,
que solo dura unos cuantos días...Entonces
¿Cual método te agrada más Berenice?---Y de

nueva cuenta no pudo contestar la pregunta ya que ahora fue doña Sofía la que interrumpió haciendo una pregunta---Pero si aborta ¿Se puede morir mi niña?...Porque cuando yo era niña teníamos una vecina que estaba casada con un tráilero que duraba meses de viaje y ella recibía visitas de hombres en su casa , cuando su marido no estaba , y un día quedó embarazada y para que él no se diera cuenta fué a la capital para hacerse un aborto, tenía casi 2 meses de embarazo, pero ya no regresó, porque murió por una hemorragia durante el aborto, la encontraron dos días después tirada en un terreno junto a la carretera y cuando le hicieron la autopsia al cuerpo , en los resultados se supo todo, entonces cuando su marido se enteró regresó pero al saber la causa de la muerte, se puso furioso ya que esto lo hizo dudar de la paternidad de sus otros dos hijos así que simplemente los abandonó , días después su abuela materna los llevó a vivir con ella y ella fué la que se encargó de criarlos...¡No quiero que Berenice se haga una aborto ,si se puede morir---Mi padre de nuevo tomó la palabra para hacerle una pregunta a la mamá de Berenice---Disculpe si no es mucha indiscreción ¿Qué edad tiene usted y su marido?---Y doña Sofía contestó---Yo tengo 42 años y mi marido tiene 45...¿Por qué?---Entonces mi padre siguió con el tema---El tema del aborto siempre ha estado lleno de controversia y tabúes , tanto morales como religiosos , pero en el siglo pasado , justo en las décadas de los 80 y los 90, inició a nivel mundial la búsqueda de la legalización de la interrupción del embarazo, así como en la actualidad en Mexico hay manifestaciones para pedir la modificación en las leyes y que se legalice, en los 90 había las mismas manifestaciones en Estados Unidos para buscar lo mismo y a finales de esa década consiguieron la modificación en las leyes y se hizo legal el aborto en la unión americana , pero en Mexico tuvieron que pasar casi 20 años para conseguir la legalización en algunos estados , así que cuando ustedes y nosotros éramos jóvenes cualquier aborto era ilegal y se hacía clandestinamente, por personas sin escrúpulos y a veces sin el conocimiento medico provocando la muerte de incontables mujeres que al intentar interrumpir su embarazo perdían la vida, ya que algunos métodos eran bastante rudimentarios y hasta sanguinarios, desde dar algunas bebidas creadas a base de hiervas amargas que provocaban el aborto en cuestión de horas, hasta practicar partos y cesáreas improvisadas en lugares insalubres que terminaban con la vida de ambos, madre e hijo, hubo algunos que se dieron a conocer durante los 90 y eran bastante crueles...Pero en la actualidad los avances en la medicina , hace más segura esta práctica, por supuesto que es bastante riesgoso porque en los 9 meses de gestación el cuerpo de la mujer sufre muchos cambios, físicos, emocionales y hormonales, todo con el fin de preparar el alumbramiento y la interrupción de este proceso de adaptación en la biología femenina pone en alto riesgo la vida de las futuras madres, pero ambos métodos si son practicados por especialistas son bastante seguros, solo que a veces la mala información hace que las jovencitas tomen la decisión errónea y las consecuencias son fatales, un ejemplo de ello es el uso de "Misoprostol", ya que este medicamento originalmente es utilizado para el tratamiento de ulceras gástricas, así que es fácil de conseguir en cualquier farmacia porque es de venta libre , sin necesidad de receta médica, pero para una embarazada su consumo provoca contracciones en el útero y que se dilate el cuello uterino, ambas al mismo tiempo, pero antes de siquiera pensar en consumirlo se debe de consultar con un especialista, porque debido a que cada organismo es diferente se debe de hacer un minuciosos análisis de la paciente para saber la dosis que debe consumir, eso sin contar algunos abortos improvisados de varias maneras rudimentarias, esto va desde introducir objetos dentro de la vagina ,hasta forzar la expulsión del feto con golpes en el vientre...---Terminó y todos nos quedamos en silencio por algunos segundos hasta que ya no pude más y le hice la pregunta que desde el inicio de tan completa explicación del tema estaba dando vueltas en mi cabeza--- Entonces papá...¿Tu estas a favor del aborto?- --Y mi padre solo contestó---Estoy a favor de la vida, pero eso te lo explicaré en un rato más, por ahora quiero que después de escuchar todo al respecto de ambos métodos me diga ¿Cual elige Berenice?---Y esta vez nadie la interrumpió---Creo que elegiría el método de la extracción , porque se utiliza anestesia, así que no habrá dolor y es el que tiene menos efectos secundarios---Y esta vez fué mi padre el que agacho la cabeza y permaneció en silencio por algunos segundos y mirando a Berenice directamente a los ojos le hizo una nueva pregunta---¿Sabes que sucede con el feto durante el aborto?---Y Berenice no contestó con palabras , solamente movió su cabeza para dar una respuesta negativa, así que mi padre continuó hablando---Legalmente un aborto varia en su plazo de gestación , según el tipo de procedimiento...El aborto médico, por malformación , enfermedad, incompatibilidad vital, etc., debe de practicarse en un plazo no mayor a 22 semanas de gestación...El aborto farmacológico , en el cual se utilizan sustancias, como el Misoprostol y Mifepristona, debe de practicarse en un plazo máximo de 7 semanas de gestación...Y finalmente el método de extracción instrumental, debe de practicarse antes de la semana 17 de gestación, para que sean seguros para la madre...Pero si convertimos todas estas semanas en meses es un poco más perturbador si lo comparamos con el desarrollo del feto ya que 22 semanas son 5 meses y medio, 7 semanas son casi 2 meses, y 17 semanas son más de 4 meses...Y en el primer mes de desarrollo del feto, el sistema nervioso comienza a formarse, el corazón comienza a tomar forma y latir...En el segundo mes comienza la formación del cerebro...En el tercer mes el feto empieza a tener movimiento y puede distinguirse su sexo...En el cuarto mes el aparato circulatorio está desarrollado ,y su esqueleto empieza a organizarse...En el quinto mes termina la maduración del sistema nervioso...En el sexto mes los bronquios y los pulmones casi han madurado...En el séptimo mes el feto ya posee los órganos necesarios para vivir fuera del útero materno...Y finalmente en el octavo y noveno mes el feto completa su desarrollo. Entonces según el desarrollo del feto hasta el séptimo mes puede sobrevivir fuera del útero materno, así que cualquier plazo para poder interrumpir el embarazo debe de ser antes del mes 7...pero según el desarrollo del feto , desde que su cerebro y sistema nerviosos funcionan , él bebe puede sentir dolor y eso pasa entre el segundo y el quinto mes...Así que ¿Qué piensas al respecto Berenice?---Pero Berenice contestó con otra pregunta---Aún no contesta ¿Qué es lo que pasa con el feto durante el aborto?---El método farmacológico es el que tiene el menor plazo de gestación , solo un poco más de 2 meses , que es cuando el cerebro se comienza a formar, así que cuando la paciente consume el medicamento se detiene el desarrollo del feto, esto provoca que el cerebro deje de formarse y el feto muere sin dolor, después los espasmos en el útero ayudan a la expulsión...En el método médico y el método instrumental el procedimiento es similar, simplemente se extrae el feto del útero, pero para hacerlo se debe de estar sin vida para que sea legal...En la actualidad desconozco completamente los métodos que se usan para detener los signos vitales del feto antes de la extracción pero en las décadas anteriores al año 2000 los métodos en verdad que eran bastante crueles e inhumanos---Mi padre se quedó callado y agachó su cabeza, estaba algo perturbado, pero después de darle un gran trago a su café prosiguió con su explicación---En décadas pasadas era un misterio lo que pasaba con los fetos después de ser abortados, debido a lo ilegal de esta práctica en aquel entonces, algunos aparecían entre la basura , algunos más eran abandonados en terrenos baldíos , donde eran devorados por animales, y en los 90 surgió una leyenda urbana que aseguraba que restos de fetos eran procesados para la fabricación de cosméticos y algunos productos antiarrugas, pero como leyenda urbana nunca se comprobó, y en la época actual debido a la legalidad del procedimiento , los fetos abortados son utilizados para diversas investigaciones , tales como las células madre y algunos estudios en genética, gracias a los cuales se han dado grandes avances médicos, en diversos campos, pero aún están en proceso de investigación---Y de nueva cuenta se quedó en silencio mientras miraba fijamente a Berenice pero ella mirándolo a los ojos bastante seria preguntó---¿Cómo eran los procesos de expulsión del feto antes del año 2000?---Y esta vez fué mi padre el que contestó con una pregunta---¿En verdad quieres saber?---Berenice asintió con la cabeza en señal de afirmación, pero mi padre se incorporó del sillón y dijo---Creo que esta parte la explicará mejor mi esposa ,pero en unos minutos más---Y mi madre se puso de pie y ambos se dirigieron a la cocina.

4

"REVELACIONES"

Pasaron casi 15 minutos desde que mis padres habían entrado en la cocina, pero regresaron con un par de charolas pequeñas con algunos bocadillos, hechos con jamón y algo de carnes frías, ademas de un par de refrescos grandes, acompañados con unos cuantos vasos desechables, en cuestión de segundos acomodaron todo en la pequeña mesa que se encontraba en el centro de la sala--- ¡Pueden tomar lo que gusten! Porque esto todavía va a tardar un poco---Fueron las palabras de mi madre y todos los presentes degustamos un refrigerio sencillo pero bastante exquisito.

Ya satisfechos y sobretodo más tranquilos nos dispusimos a seguir escuchando a mis padres , entonces mi madre inició su explicación, a pesar del ambiente más relajado su semblante era algo triste, al parecer no le era muy placentero el tema que iba a abordar, pero comenzó a hablar---Como les comentó mi esposo en las décadas anteriores al año 2000 los procedimientos instrumentales que se utilizaban para abortar eran bastante crueles uno de estos consistía en inyectar una solución de sales químicas en el vientre de la madre, y dichas sales se mezclaban con el líquido amniótico convirtiéndose prácticamente en una especie de ácido, que a la madre no le perjudicaba pero para el feto era fatal, ya que era calcinado dentro del útero , después ya sin vida era extraído del interior de la madre...En otro de los métodos se utilizaba una especie de aspiradora , que se introducía en el útero y al ser accionada comenzaba a succionar el líquido amniótico y al terminarse el líquido comenzaba a extraer el feto, pero debido a que la parte de la aspiradora que era introducida era un tubo metálico , al contacto con el cuerpo frágil del feto literalmente era mutilado lentamente hasta que lo único que quedaba era su cabeza, debido al gran

tamaño que tenía esta , se atoraba en la
aspiradora, entonces el "doctor" introducía
unas tenazas o fórceps y con estos reventaba
el pequeño cráneo , como si fuera una nuez,
después continuaba succionando los restos
del feto con la aspiradora; De hecho cuando
yo cursaba la secundaria surgió una leyenda
urbana acerca de la existencia de un video
llamado "Un grito silencioso "En el cual se
explicaba que un doctor con el
consentimiento de una joven , a la cual se le
iba a practicar un aborto , iba a introducir
una pequeña cámara junto con el tubo de la
aspiradora, todo con el fin de que fuera
grabado todo el proceso y demostrar de una
vez por todas que el feto no sentía dolor
físico al ser extraído, pero cuando la
grabación fué vista por ambos se llevaron
una desagradable sorpresa ya que en este
video se podía ver como el feto después de
que el líquido amniótico era extraído trataba
de huir , sin conseguirlo, y como lentamente
era mutilado parte por parte , mientras que
seguía convulsionando lo que quedaba de su
cuerpecito, en su rostro se percibía un rictus
de dolor, lágrimas en sus pequeños ojos,
ademas de que su boca se encontraba
totalmente abierta, como dando un grito de

dolor pero debido al lugar en el que se encontraba era imperceptible en el exterior(Por eso el título del video)Entonces cuando el "doctor" y la joven observaron las escalofriantes escenas su vida cambió para siempre...Pero tanto tu padre como yo tuvimos la suerte de poder conseguir dicho video y comprobamos que era totalmente verídico, en la actualidad no es fácil conseguirlo pero en alusión a este hace unos 10 años en YouTube apareció un video donde se describía lo sucedido pero desde la perspectiva del feto, en una desgarradora narración...En otro cruel método unas pizas eran introducidas dentro del útero entonces el feto era mutilado y machacado hasta quedar sin vida, después al igual que en los anteriores métodos los restos eran extraídos...En el último de los métodos simplemente era extraído el feto y ya afuera era asesinado para después tirarlo en la basura, y a veces lo hacian aún con vida y...---Ya no pudo continuar hablando ya que sus ojos se llenaron de lágrimas y un nudo en su garganta no le permitió seguir, pero mi padre terminó por ella---A diferencia de los métodos actuales, que tienen un tiempo para ser practicados , estos métodos debido a su ilegalidad no tenían un tiempo específico así que algunos fetos eran asesinados ya casi con 9 meses de gestación---Entonces todo quedó en completo silencio por algunos segundos , la más impresionada con lo que había escuchado era Berenice así que le preguntó a mi padre---Entonces ¿Usted está en contra del aborto?---Pero mi padre le contestó---Yo soy "Pro-vida", al igual que muchas personas no me agrada mucho la idea de interrumpir el embarazo pero la paternidad no solo consiste en tener una la edad en la que se tiene la madurez mental para tener la capacidad de ser buen padre, también se tiene que tomar en cuenta si se es posible sustentar los gastos económicos que representa un bebe , esa irresponsabilidad la puedes ver en las calles, con niños padeciendo hambre y frio porque sus padres no tienen la manera de darles una vida digna , niños trabajando en los cruceros, o en la mendigues y hasta atrapados en trata de personas, abuso sexual ,venta de organos en el mercado negro, consumo de drogas y hasta son asesinados por sus propios familiares...todas estas situaciones me hacen pensar en que si vas a concebir hijos solo para darles una cruel vida, sería mejor tomar la decisión de interrumpir el embarazo...Pero lo ideal es que se debe de ser responsable con su sexualidad y si tienes una vida sexual activa debes de buscar métodos anticonceptivos para evitar embarazos no deseados , ademas de protegerse de enfermedades sexuales , tales como , herpes, papiloma humano, sífilis, VIH, etc.---Entonces Berenice más tranquila preguntó a mi padre---Así que ¿Lo que usted me está diciendo es que debo de seguir con mi embarazo , aunque esto represente traer a un bebé al mundo a vivir una vida llena de penalidades , ademas de renunciar a nuestros sueños, los míos y los de Uriel?---Esta vez mi madre ya más tranquila contestó---Solo queremos que tomen la mejor decisión para ambos y sobretodo hacerles entender que hay más y mejores opciones...Y mi esposo y yo lo estuvimos platicando desde que descubrimos lo de tu embarazo y coincidimos en que este es un buen momento para hablar de cómo fué que Uriel obtuvo todas esas cicatrices en su cuerpo---Esas palabras llamaron mucho mi atención ya que había estado esperando esta platica desde que era niño, y mi madre comenzó su relato---Todo dio inicio cuando yo tenía apenas 16 años tenía un novio del que estaba enamorada y él me pidió "la prueba de amor" , como le llamaban a tener relaciones con tu novio por primera vez, y como yo lo amaba acepté sin dudarlo, ambos dimos rienda suelta a nuestra pasión, justo igual que ustedes , y de la misma forma unos meses después quedé embarazada, mi novio estaba dispuesto a aceptar su responsabilidad y hasta pensaba casarse conmigo, ambos empezamos a hacer muchos planes a futuro pero el día que mi padre descubrió que estaba embarazada reaccionó bastante agresivo y me golpeó varias veces , hasta que calmó su ira, esa noche estuve llorando en mi cuarto por horas hasta que me quedé dormida, pero debido a los golpes y lo alterada que me encontraba después de la golpiza que recibí por parte de mi padre , pasadas las 3 de la mañana sentí un fuerte dolor en el vientre y minutos después empecé a tener un sangrado vaginal, entonces fuí al baño y en medio de fuertes dolores y espasmos musculares aborté a mi bebé...tenía apenas un mes de embarazo así que solo era una pequeña masa de carne aún sin forma pero lloré y mucho , por ese ser pequeño e indefenso que había sido el resultado del amor que sentíamos mi novio y yo , después oré unos minutos por él y lo enterré bajo un árbol que teníamos en el

patio trasero de nuestra casa, me bañe, tomé
un par de analgésicos y me fuí a dormir, eran
casi las 5 de la mañana, pero gracias a que
era fin de semana pude dormir hasta pasadas
de las 11 de la mañana; Una semana después
le conté a mi novio lo sucedido y al saber que
ya no estaba embarazada me pidió que
tuviéramos relaciones de nuevo , pero
cuando me negué , me abandonó , meses
después conoció a alguien más y pasado un
año se casaron, los vi 3 años después y ya
tenían un par de niños...Yo por mi parte casi
un mes después de que él me abandonara
tuve una infección vaginal y al ser revisada
por un ginecólogo , este descubrió que
dentro de mi útero aún tenía restos de la
placenta y algunos pequeños trozos de carne
del feto abortado, todo esto según me dijo
el especialista debió haber sido extraído con
un legrado , y al no hacerlo provocó una
grave infección en mi útero y matriz,
entonces el diagnóstico fué que debido a que
había pasado mucho tiempo después del
aborto sin recibir la atención médica y la
limpieza interna que necesitaba mis ovarios
habían sufrido daños irreparables , así que
jamás podría concebir de nuevo , esto me
causó depresión por semanas pero mi padre
con gran remordimiento de conciencia me

llevó con un psicólogo y recibí la ayuda que necesitaba y seguí con mi vida...un par de años después conocí a Mario y desde el principio fuí sincera con él , pero todo mi pasado a él no le importó, me dijo que yo era la mujer de su vida, habló con mis padres y solo 6 meses después nos casamos , pero a pesar de tener una buena relación en nuestro matrimonio, ambos deseábamos con todo el corazón ser padres así que comenzamos a contactar a algunos especialistas para ver si existía algún tratamiento para que yo pudiera concebir de nuevo pero buscamos por todo el país sin resultados positivos---Guardó silencio , sus ojos se llenaron de lágrimas así que mi padre también comenzó a hablar al respecto---Yo también antes de conocer a Sonia tuve un noviazgo con una jovencita , que en verdad era muy apasionada, tuvimos relaciones desde el primer día que nos conocimos y así estuvimos por varios meses, ella siempre insistía en que no usáramos ninguna protección para sentir todo el placer al natural; Casi dos años duró ese tan candente noviazgo pero empecé a notar irregularidades en sus periodos y un día en su bolsa encontré varias bolsas con diversas hiervas, y al cuestionarla al respecto me dijo,

que las usaba para abortar cada que quedaba
embarazada, entonces pregunté qué cuantos
abortos llevaba...descaradamente me dijo
que durante nuestro noviazgo ya había
abortado más de 5 veces ,pero que desde
que había iniciado su vida sexual activa ya
llevaba casi 30, esto en verdad me impactó y
decidí terminar nuestra relación de
inmediato, volví a verla casi 3 años después y
me contó que después de que terminamos
siguió con su acostumbrado estilo de vida ,
llegando a abortar casi 50 veces, pero un día
conoció a una persona de la cual de verdad
se enamoró y se casaron , pero cuando trató
de concebir su organismo ya no se lo
permitió ,debido a todas las diferentes
formas en que había interrumpido todos y
cada uno de sus embarazos su matriz estaba
bastante dañada así que ya era estéril,
después de contarle su pasado a su esposo
este le dijo que la amaba y que la llevaría a
ver algunos especialistas pero que en dado
caso de que no funcionara siempre hay más
opciones, entonces yo por mi parte le conté
que estaba casado con Sonia y que ella
tampoco podía concebir así que me
recomendó algunos de los especialistas a los
que había consultado con excelentes
resultados porque ya tenía un par de meses

de embarazo y todo iba bien , entonces junto con mi esposa comenzamos a consultar a varios de estos especialistas por varios meses, pero no nos daban esperanzas , finalmente nuestra búsqueda nos llevó al distrito federal a una prestigiosa clínica, debido a que llevábamos varios años de casados sin tener hijos , ambos pudimos terminar la preparatoria y en esos años este nivel de estudios era suficiente para obtener un buen empleo yo ya trabajaba en con un grupo de arquitectos y Sofía por su parte trabajaba de auxiliar contable, así que el dinero no era problema , eran ya principios del año 2000 cuando llegamos a la clínica--- Mi padre detuvo su narración porque se dio cuenta de que mi madre se encontraba un poco más tranquila y le cedió la palabra para que ella prosiguiera con el relato---La clínica estaba a unas calles de la central camionera así que siempre nos íbamos caminando y desde la primera vez que visitamos la clínica en el trayecto , que recorríamos desde la central camionera, pasábamos por un solitario callejón , el cual era utilizado por los habitantes de la zona cercana , para depositar su basura , y en su interior algo nos llamó la atención , vimos un perro callejero, adulto, de raza mezclada, con su pelo enmarañado y sucio, con huellas de desnutrición severa, comiendo lo que podía de la basura, esa imagen nos enterneció a ambos así que cuando regresamos de la primera consulta le compramos un poco de comida y se la dejamos en la entrada del callejón , nos alejamos un poco ,por nuestra seguridad ya que era un perro de gran tamaño , y ocultos detras de un automovil, a unos metros del lugar lo observamos comer por algunos minutos antes de regresar a la central camionera; Nuestras visitas a la clínica se hicieron frecuentes debido a los diferentes estudios que nos hacían a ambos, así que cada vez que pasábamos por ese callejón alimentábamos al perro...Solo nos llevó a lo mucho 4 veces alimentarlo para que nos tuviera confianza y se acercara a nosotros moviendo la cola, a partir de ese día nos esperaba con gusto, y ya en la 8 visita a la clínica nos encontramos con que alguien le había arrojado una roca en uno de sus ojos y lo tenía cerrado y con rastros de sangre coagulada, así que mientras lo alimentábamos aproveché para limpiarle la herida con toallitas húmedas y al hacerlo pude observar que era una herida superficial , que ya casi había sanado en su totalidad, en ese momento le dije a Mario que si no lo traíamos a nuestra casa, pero debido a las complicaciones que representaría traerlo hasta nuestra ciudad , pues mi esposo se negó---Guardó silencio de nuevo pero solo por unos segundos , para beber un poco de refresco y prosiguió---Era la última visita a la clínica ya que después de tantos estudios nos iban a dar el diagnóstico definitivo para decirnos si podíamos concebir o no, ese día llegamos más tarde que de costumbre, debido a que solo íbamos a recibir los resultados , la cita era a las 6:30 pm pero nosotros llegamos a las 6pm y mientras esperábamos en recepción, pasadas las 6:15 pm escuchamos sirenas en la calle pero no le dimos mucha importancia ya que en la zona donde nos encontrábamos era muy común escuchar sirenas de policía o ambulancia; A las 6:40pm nos fueron entregados los resultados finales y no fueron buenas noticias, ya que se nos notificaba que el daño en mi matriz no tenía cura así que ya era definitivo y no había necesidad de hacer más intentos, nunca podría ser madre...Esta noticia en verdad nos entristeció a ambos ,así que bastante acongojados salimos de la clínica , caminamos un poco , compramos la

acostumbrada comida para el perro , pero
cuando llegamos a la entrada del callejón no
vimos a nuestro amigo canino, sin embargo
en el interior del callejón escuchamos un
gran alboroto , entre las bolsas y botes de
basura pudimos ver a varios perros y gatos
peleando , por comida pensamos de
inmediato, tal vez era algo grande ya que
también había algunas ratas luchando por el
botin pero de entre todos resaltaba nuestro
ya conocido perro peludo, resaltaba entre
todos por su gran tamaño , esto le daba
ventaja pero debido a que eran varios los
involucrados en la pelea recibió algunas
mordidas pero después de varios minutos de
intensa pelea consiguió hacerse con el botín,
y entre gruñidos se alejó de la jauría con un
bulto entre sus mandíbulas, caminó unos
pasos , tenía sangre en su hocico , ademas
de otras partes de su peludo cuerpo, pero
cuando nos vio se acercó rápidamente ,
moviendo la cola de alegría, Mario y yo
permanecíamos de pie, ya no estábamos en
la entrada del callejón, sin percatarnos en
que momento sucedió habíamos entrado
hasta la mitad de este ;Ambos quedamos
helados cuando llegó el perro a donde nos
encontrábamos y vimos el bulto que llevaba
entre sus mandíbulas, a pesar de que eran

unos enormes y afilados colmillos, no lo había mordido solo lo sostenía, cuando lo colocó con mucho cuidado en el suelo descubrimos con horror que era un bebé...Un bebé muy pequeño, de unos 6 o 7 meses a lo mucho, su pequeño cuerpecito estaba lleno de diversas mordidas y rasguños, al parecer estaba siendo devorado por la jauría de animales cuando fué literalmente rescatado por nuestro conocido perro, lo tomé entre mis brazos, estaba helado, no se movía, lo revisé con mucho cuidado y descubrí que ademas de las incontables mordidas y rasguños tenía también un par de orificios de lo que parecía un delgado cuchillo, del lado derecho justo a la altura de los restos del cordón umbilical, y algo llamó mi atención , a pesar de estar completamente cubierto de sangre en su pequeño pechito había un trozo de papel pegado con la misma sangre a su piel , lo limpié con mucho cuidado y pude ver que era un pequeño corazón de papel con un nombre escrito con plumón indeleble de color negro...”Uriel” decía y mientras sostenía ese pequeño ser inerte no pude evitar sentir una enorme tristeza , mientras recordaba lo que apenas unos minutos nos habían dicho, nunca podría ser madre y entre mis manos

tenía un bebé abortado y arrojado a la basura
por una mujer sin escrúpulos, todo esto
provocó una lluvia de emociones dentro de
mí y comencé a llorar
desconsoladamente...Mario por su parte
revisaba la basura para ver si encontraba
algo que le dijera más acerca de ese pequeño
o de su madre pero lo único que encontró
fue restos de sangre, lo demás había sido
devorado por los animales, así que regresó a
mi lado y también lo perturbó bastante ver el
estado en el que se encontraba el cadáver del
feto, lo más sorprendente era que el enorme
perro seguia ahi inmóvil observando la
escena, con sus orejas abajo, y dando
pequeños chillidos, al parecer también
expresaba tristeza...Entre sollozos mis
lágrimas cayeron en el frio cuerpecito y
sucedió un milagro , el pequeño se movió,
dio un gran respiro y comenzó a llorar ,
lastimeramente, entonces sin pensarlo dos
veces salimos rápidamente del callejón y
abordamos un taxi rumbo a la clínica donde
nos habían hecho los estudios y a pesar de
las quejas del taxista también nos llevamos al
perro con nosotros, en la clínica el bebé
recibió atención de inmediato, después de
varias operaciones y estar entre la vida y la
muerte en más de una ocasión, fué llevado a

cuidados intensivos , donde lo pudimos ver, la imagen era desgarradora, estaba dentro de una incubadora , con mangueras y cables en todo su cuerpo, pero a pesar de ser prematuro y en el estado tan deplorable en el que lo habíamos encontrado, el medico nos dijo que estaba recuperándose favorablemente, pero teníamos que esperar; pasamos más de 6 meses en el distrito federal, tuvimos que ir a declarar varias veces para deslindar responsabilidades y evitar problemas legales, llevamos también al enorme perro a una veterinaria para asearlo y que también recibiera la atención que necesitaba , lo nombramos "Peluchín" debido a su pelaje---Entonces mi madre me miró directamente a los ojos y con lágrimas resbalando por sus mejillas me dijo---¡¡Ese bebé eras tú...Uriel!!---Y acercándose a mí me abrazó sollozando, y yo no pude evitar hacer lo mismo así que nos fusionamos en un largo abrazo, mientras ambos llorábamos y como era de esperarse perdí el sentido, y durante mi inconsciencia tuve un nuevo sueño , casi igual al que acostumbraba tener desde niño, solo que esta vez las sombras tomaron forma ,transformandose en una grotesca mezcla entre perro y rata pero de gran tamaño...Eran cuatro de estas criaturas, las cuales se abalanzaron contra mí y con sus enormes colmillos y garras comenzaron a arrancar grandes trozos de carne de mi cuerpo, sin que yo pudiera moverme para tratar de defenderme , así que en cuestión de segundos todo mi cuerpo se encontraba cubierto de sangre , estaba aterrado, solo esperando que una de las criaturas me diera la mordida final, pero cuando una de ellas se acercó a mi cara para morderme el rostro una enorme sombra negra cubrió todo el lugar y todas las criaturas huyeron, justo en ese momento desperté, mi madre me sostenía entre sus brazos , mientras que mi padre se encontraba de pie junto a mí, en su mano derecha sostenía un vaso con agua y en su mano izquierda tenía un pequeño trozo de chocolate; Me tomé el agua , comí rápidamente el chocolate y en unos cuantos minutos volví a la normalidad.

Mi padre al ver que ya me encontraba bien, continuó---Casi año y medio duró tu recuperación, y todo ese tiempo Sonia y yo vivimos en el Distrito Federal, gracias a que ya existía el internet ambos pudimos seguir trabajando a distancia, así que no teníamos problemas económicos, pero eso no era lo más importante en ese momento, desde un par de meses una idea había surgido en nuestras mentes, los dos lo platicamos bastante y justo el día que te dieron de alta fuimos a verte, todo para encontrarnos con la sorpresa de que como ningún familiar se había presentado a recogerte pues el ministerio publico decidió canalizarte a un albergue infantil, así que pedimos informes y nos dirigimos de inmediato al lugar donde tuvimos una larga conversación con la directora del sitio y después de exponer las circunstancias en que te encontramos , la forma en que luchaste por vivir y nuestra impotencia para ser padres ,nuestro nivel socioeconómico, sugerimos la adopción y en menos de un mes nos fué concedida, así que oficialmente nos convertimos en tus padres adoptivos...Una semana después regresamos a esta ciudad, con ambos, contigo y con nuestro "Peluchín"---Mi padre terminó su narración y todos los presentes nos quedamos en completo silencio, al parecer todos nos encontrábamos sumidos en nuestros pensamientos, yo después de escuchar como fuí rescatado por mis padres adoptivos y sobretodo de saber que le debía la vida a un perro callejero, aún puedo recordar que desde muy pequeño ese enorme perro fué mi compañero de juegos, siempre me acompañaba a todos lados , pero lo que más recuerdo era como mi madre lo cuidaba , no lo trataba como mascota, lo trataba como si fuera otro hijo, y también recuerdo que cuando yo tenía 10 años "Peluchín", mi compañero de juegos, perdió la batalla, y no fué por una enfermedad , murió por su avanzada edad, solo se quedó dormido en los brazos de mi madre, moviendo su cola lentamente , hasta que dejó de respirar, recuerdo el llanto desgarrador de mi madre al verlo irse, después enterró su cuerpo en nuestro jardín y le mandó construir una pequeña lapida con el nombre "Peluchín", la cual aún esta ahí , y todos los días sin falta le coloca una flor...Después de escuchar la historia entiendo todo ese amor que mi madre sentía por ese amigo canino, que le obsequió el mejor regalo, le dio la dicha de poder ser madre, y a mí me dio el regalo de la vida..."Gracias Peluchín".

5

"OPCIONES"

   Todos seguimos sumidos en nuestro
pensamientos, hasta que mi padre habló de
nueva cuenta, mirando a Berenice le
preguntó---Después de todo lo que has
escuchado ¿Aún piensas en interrumpir tú
embarazo?---Y Berenice de inmediato
contestó--- ¡No! Después de escuchar sus
palabras creo que debemos buscar otras
opciones---Después mi padre volteó a ver a
los padres de Berenice y les preguntó---Y
ustedes ¿Que piensan al respecto?---Entonces
la madre de Berenice fué la primera en
contestar---Estoy de acuerdo con mi hija en
que tenemos que buscar otras opciones y por
mi parte los apoyaré en cualquier decisión
que tomen , ya no me importa si se quieren
casar , solo quiero que mi niña sea feliz---
Terminó de hablar y con un leve codazo en
las costillas de su esposo, que aún se
encontraba pensativo, lo hizo reaccionar---
¡Disculpen ! Solo que estoy sorprendido de lo
inteligente que es usted Mario...Sabe muchas
cosas---Mi padre sonrió y se sonrojó un poco
pero después relajó su rostro y dijo---Para
nada solo que me gusta estar informado y
cuando algo me interesa busco respuestas---
Don Juan sonriendo dijo ---Pero eso es para
chavos...Para los "Milenians"como les dicen---
Y mi padre le contestó---Como adultos a

veces cometemos el error de pensar que por ser mayores ya no tenemos nada más que aprender, pero en realidad lo que debemos de saber es que todos los días podemos aprender algo nuevo , nos burlamos de los jóvenes llamándolos "Milenians", como usted acaba de decirlo, todo porque ellos viven rodeados de tecnología, de la cual dependen casi para cualquier actividad en su vida cotidiana...A caso ¿Saben cuál es la diferencia entre su generación y la nuestra?---Fué la madre de Berenice la que respondió---¿Que nosotros no teníamos internet, ni teléfonos móviles, ni nada de esas cosas modernas que hay en estos días---Mi padre prosiguió---Tiene usted la razón Sofía, ya que cuando nosotros teníamos la edad de nuestros hijos no existía el internet , como el de la actualidad, no había redes sociales, si queríamos encontrar alguna información teníamos que acudir a las bibliotecas públicas, a algún curso extra a nuestra escolaridad normal, preguntar a maestros o personas que tuvieran nivel educativo más avanzado que el nuestro, a diferencia de la actualidad que basta con tan solo utilizar un teléfono o una computadora para buscar cualquier cosa en internet, si buscas en fuentes confiables , en cuestión de segundos puedes encontrar todo lo que necesitas, pero nosotros a diferencia de ellos no nacimos rodeados de avances tecnológicos, nosotros crecimos a la par con la tecnología, entonces no tenemos por qué pensar que toda esta modernidad es solo para jóvenes, al contrario también debemos de disfrutar de todo ese conocimiento que ahora tenemos al alcance de la mano, y solo basta buscar para aprender---Y Berenice sonriendo dijo en tono de burla---Entonces serán todos unos "Chavorucos"---Mi padre sonriendo le dijo---¡Así es! Los jóvenes así nos llaman a las personas que nos adentramos en las redes sociales o que navegamos en internet, pero a mí en lo personal me gusta ser "Chavoruco"porque al entrar en contacto con algunas actividades que realizan los jóvenes en la actualidad , puedo entenderlos mejor y poder guiarlos, irónicamente todos somos "Milenians"...Entonces Juan y Sofía me gustaría sugerirles que no piensen que por ser adultos no pueden buscar respuestas a cualquier cosa que les despierte el interés y más en estos momentos que nuestros hijos necesitan que los entendamos para poder ayudarlos a tomar la mejor decisión al respecto del embarazo de Berenice---

Entonces cuando mi padre terminó , Berenice comenzó a hablar, algo tímida , pero con seguridad en sus palabras---Despúes de escuchar todo lo que se ha dicho esta noche y si están dispuestos a apoyarnos a Uriel y a mí, el aborto ya no es una opción, lo mejor por ahora es seguir con el embarazo y cuando nazca darlo en adopción pero no sabemos que hacer...Señor Mario, ¿Ustedes nos ayudarían a buscar un buen hogar para nuestro hijo?---Mi madre fué la que respondió---¡Por supuesto! Les ayudaremos contactando a las personas que nos hicieron el favor de tramitar la adopción de Uriel pero también debemos tomar en cuenta la opinión de tus padres---Y en esta ocasión el padre de Berenice se puso de pie y pidiéndole a su hija que se pusiera también de pie, se acercó a ella y la beso en la frente, después la abrazó fraternalmente y le dijo dulcemente---Eres mi princesa y solo quiero que seas feliz, así que los apoyaremos en lo que necesiten y respetaremos la decisión que tomen cuando él bebe nazca---Sus palabras trajeron finalmente tranquilidad a todo el ambiente, así que ya todos más relajados estuvimos conversando por algunos minutos de diversos temas y un par de horas después

Berenice y sus padres se retiraron rumbo a su hogar dejándome una gran tranquilidad al sentirnos apoyados por nuestros padres; Aquella noche no tuve ningún sueño perturbador, solo dormí plácidamente, pero días después volví a tener mi acostumbrada pesadilla , solo que esta vez pude ver a una misteriosa mujer de cabellos negros, se situaba a varios metros de distancia de donde me encontraba rodeado por las bestias de ojos rojos y enormes colmillos, debido a la distancia que nos separaba , no podía ver su rostro, pero estaba seguro de que ella si podía verme y cuando comencé a gritar para pedirle ayuda ella se quedó observando cómo era destrozado por las bestias por algunos segundos y después simplemente dio la media vuelta y se marchó...Justo en ese momento desperté, con el corazón acelerado y empapado de sudor.

A pesar de mis perturbadores sueños, la relación con Berenice había mejorado bastante y sobretodo la convivencia con nuestros padres reforzó aún más nuestros lazos familiares, tanto con mis padres como con los de ella, después de la primera reunión nuestros padres fijaron un día por semana para reunirse y convivir, el padre de Berenice tenía platicas con mi padre en las cuales ambos compartían conocimientos y si algo les causaba una duda juntos buscaban respuestas , mi madre y la madre de Berenice también tenían su momento de convivencia con largas conversaciones de temas un poco más familiares, a veces solo cocinaban juntas o tomaban un poco de café mientras recordaban cosas de su juventud, mientras que tanto Berenice y yo   solo disfrutábamos del momento.

Un mes después de nuestra primera
reunión , cuando el embarazo de Berenice iba
por su segundo mes, de nueva cuenta
durante la clase de historia en la
preparatoria, esa clase que tanto nos gustaba
, sucedió algo inesperado ya que esta vez yo
fuí el que súbitamente sufrí un mareo y ante
los ojos de mis compañeros , del profesor y
de la misma Berenice tuve que salir corriendo
del aula, pero debido al mareo no pude
correr y cuando me dirigía al sanitario a unos
cuantos metros del salón de clases había un
jardín y justo en un árbol me apoyé con mi
mano derecha , agaché mi cabeza y comencé
a vomitar, todo ante la mirada de algunos de
mis compañeros, que habían salido del salón
de clases para observar con curiosidad;
Después de varios minutos de vomitar tres
veces seguidas, me dirigí al sanitario y me
lavé la cara, pero aún me sentía algo
mareado así que permanecí unos minutos
más dentro del baño y cuando me disponía a
regresar al salón de clases me llevé una
sorpresa ya que el profesor de historia se
encontraba en la puerta del baño,
acompañado por Berenice---¿Cómo se siente
Uriel?---Y con un sabor amargo en mi boca y
con mis ojos rojos solo pude decir---¡Creo
que ya pasó!---Pero él no me creyó , solo me

miró con expresión seria y nos dijo a los dos-
--¡Acompáñenme ambos a la enfermería por
favor!---Lo hicimos y ya ahí , después de ser
revisado por la enfermera, comenzó a hablar
con nosotros---¡Berenice...Uriel , en la
preparatoria corre el rumor de que Berenice
está embarazada, y después de ver lo que
acaba de suceder quiero que me hablen con
la verdad...¿Estas embarazada?---Y con un
movimiento de su cabeza Berenice le dijo que
si, entonces el profesor relajó su expresión y
sonriendo dijo---No se preocupen , por lo
menos no por ahora, pero ambos están
sufriendo los síntomas de los primeros
meses de gestación, mareos, náuseas, los
famosos antojos , sueño , etc., esto es
normal en los primeros 3 meses---Con mi
estómago revuelto le pregunté---
Pero...¿Porque yo tengo síntomas, si la
embarazada es Berenice?---Entonces
amablemente me contestó---El cuerpo
femenino durante el embarazo sufre diversos
cambios físicos, tanto externos como
internos , como proceso de adaptación a su
nueva etapa de vida, entonces en su
organismo hay un cierto desequilibrio
hormonal, el cual provoca todos los síntomas
que les mencioné, algunas veces el cuerpo

tiene algo de fortaleza y soporta estos cambios sin ninguna alteración pero normalmente no puede evitarlos---Entonces volví a preguntar---¿Por qué a mí?---Y el profesor con cierto toque pícaro en su tono de voz dijo---A eso voy Uriel...¡No te desesperes! Todas estas hormonas dentro del organismo femenino, pueden ser transmitidas a través de un simple beso, un roce de manos, hasta con el simple hecho de que ella respire junto a ti, pero a diferencia de las mujeres el hombre tiene la ventaja de poder detener los síntomas con medicamentos, sin ningún riesgo, así que si gustas te puedo recomendar que vayas con un médico y le digas que te sucede para que te recete unas cuantas pastillas y en cuestión de días ya no sufrirás más los mareos, náuseas y demás síntomas, te voy a recomendar con un amigo mío que es médico desde hace más de 20 años---Y mientras tomaba un pequeño block de notas auto adheribles , para anotar el número de telefono,Berenice le preguntó---¿Por qué dijo que no tendríamos problemas por ahora?¿Qué es lo que va a suceder después?---Y el profesor amablemente contestó---Esta es una escuela pública y por consiguiente tiene un comité de padres de familia, y son personas que no verán con buenos ojos que una de las alumnas esté embarazada , los primeros meses no será problema pero cuando los cambios físicos en tu cuerpo sean notorios , posiblemente seas dada de baja---Ambos nos quedamos mudos al escuchar sus palabras---¿Y no podemos hacer nada para evitarlo?---Pregunté---Hablaré con los demás profesores y con la directora del plantel pero no les aseguro nada, pero por ahora mantengan el secreto todo el tiempo que les sea posible ...Que quede como un rumor no comprobado, así que regresemos al salón de clases y tratemos de seguir con la clase como si nada pasara---Entonces los tres regresamos al aula y proseguimos con la clase; Cuando terminó el día fuimos a mi casa y contamos lo sucedido a nuestros padres y ellos estuvieron de acuerdo con nuestro profesor , en mantener el secreto.

Seguimos con nuestras vidas , tratando de aparentar normalidad, hasta casi el quinto mes del embarazo y justo en una de nuestras ya acostumbradas reuniones familiares, mi padre nos pidió que nos reuniéramos todos en la sala para tratar algo importante , así que esta vez fué más temprano que de costumbre, siempre acostumbrábamos hacerlo a las 8 de la noche , pero en esa ocasión la cita fue a las 6 de la tarde ; Todos fueron puntuales y ya reunidos en nuestra sala mi padre comenzó a hablar---Antes que nada ¡Buenas tardes!---Todos contestamos el saludo al mismo tiempo---¡¡Buenas tardes!!---Prosiguió mi padre---Se decidió hacer esta reunión para hablar de tres cosas importantes, la primera es que hace un mes contactamos a la institución que nos ayudó hace casi 20 años a conseguir la adopción de Uriel , les hablamos de ustedes y lo que decidieron...El día de hoy en la mañana recibimos respuesta y son buenas noticias , ya que nos informaron que ya hay una buena pareja disponible para adoptar a su bebé, solo falta programar la reunión donde los conoceremos, se nos explicó que no acostumbran hacer eso pero debido a tus antecedentes se nos permitirá conocerlos en persona, en los próximos días nos darán la fecha...El segundo tema se eligió por petición de tus padres Berenice, en unos meses más y si todo sale bien darás a luz, pero hay una pregunta que tus padres quieren hacerles Berenice---Y tomando la palabra preguntó la madre de mi novia---¿Cómo piensan cuidarse?¿Ya escogieron algún método anticonceptivo?---Y fuí yo el que respondió---Aún no lo platicamos ...Pero si nos gustaría saber más al respecto---Mi madre fué la encargada de hablarnos del tema, conocía bastante al respecto debido a que durante años investigó la manera de poder concebir y también buscó información acerca de algunos anticonceptivos, entonces comenzó a hablar---Hay varios tipos de anticonceptivos y la mayoría de ellos son gratuitos , de corta y larga duración, inclusive permanentes...El primero de ellos es el conocido como "DIU"(Dispositivo intra uterino)tiene una duración hasta de 12 años, se coloca dentro del útero , en los primeros dos días de sangrado , durante el periodo de menstruación, esto es para asegurar que no te encuentres embarazada y porque en estos días el útero se dilata y es más fácil introducirlo, se debe de hacer una ecografía transvaginal para saber las dimensiones exactas del útero de la paciente para saber hasta dónde debe de introducirse el dispositivo para evitar que se mueva en el interior y pueda llegar a caerse, se tiene que realizar un chequeo cada seis meses...Si se desea retirar deberá hacerse en el mismo lapso de tiempo , del periodo se menstruación en el que fue colocado, es un poco doloroso tanto al colocarse como al retirarse y tiene una efectividad del 99.9%...En el segundo método se utilizan inyecciones hormonales, es reversible , de corta duración, en combinación de estrógenos y progestágenos que inhiben la ovulación y espesan el moco cervical, impidiendo así el paso de los espermatozoides hacia el útero, solo se utilizan los que contienen progestágenos si se está en época de lactancia , en caso de no estar lactando se puede utilizar solo estrógenos, se inyecta intramuscular el primer día de regla o el postparto, su duración es de uno a tres meses y tiene una efectividad de 99.5%...El tercer método se le conoce como Implante sudérmico , son pequeñas varillas del tamaño de un fosforo o inclusive más pequeñas, del tamaño aproximado a un grano de arroz, reversible, tiene una duración de 4 años, se colocan debajo de la piel, por parte de personal autorizado, haciendo una pequeña incisión, espesa el moco cervical , impidiendo el paso de los espermatozoides al útero, se retira de la misma manera que es colocado y tiene una efectividad del 99.9%...El cuarto método también es hormonal pero se utilizan píldoras, las cuales inhiben la ovulación, espesan el moco cervical, evitando el paso de los espermatozoides, se deben de tomar diariamente , a la misma hora debido a que tiene una duración de 24 horas, este es el motivo de tomarlas diariamente...Hay de 21 y de 28 tabletas, algunas contienen progestágenos únicamente y otras contienen ademas estrógenos, como lo mencioné anteriormente los que contienen estrógenos se utilizan cuando no estas lactando y los que contienen progestrogenos o progesterona se utilizan en la etapa de lactancia, se toman el primer día del periodo, todos los días sin descanso, pueden causar algunas molestias como náuseas, aumento de peso, dolor de cabeza, mal humor, aumento de apetito,sueño,dolor de mamas, pero si tiene este tipo de molestias es recomendable cambiar de método, tiene una efectividad del 99.7%...El quinto método es el preservativo o condón femenino , es un conducto de látex, con un anillo de cada lado, se introduce en el interior de la vagina ,colocado correctamente tiene una efectividad del 88% a 98% , tambien protege de infecciones y enfermedades de trasmisión sexual...El sexto método es el preservativo o condón masculino, literalmente es una funda de látex para el pene, colocado correctamente tiene una efectividad del 97% ademas de que también protege contra algunas enfermedades de transmisión sexual...El séptimo método es la ligadura de trompas, que bloquean los conductos que comunican los ovarios con el útero, si solo se atan dichos ductos puede ser reversible, pero si se cortan esto lo vuelve irreversible ,tiene una efectividad del 99%...El octavo método es la vasectomía , este método es masculino, se cortan o bloquean los ductos que transportan los espermatozoides, es irreversible y tiene una efectividad del 99.5%...El noveno método es la conocida como píldora de emergencia o píldora del día siguiente, como lo dice su nombre la paciente debe de tomarla un día después de tener relaciones sexuales, puede tener consecuencias como, sangrado abundante, dolor pélvico, dolor de cabeza, todo debido a la enorme cantidad de hormonas que contiene tiene una efectividad del 75%...Y el ultimo método es el llamado metodo Billings , lo utilizamos mi esposo y yo, y en lo personal fué uno de mis favoritos, ya que sirve tanto para evitar el embarazo , como para concebir, y va más allá , ya que tiene altas probabilidades de poder elegir el sexo del bebé, no se utilizan píldoras o algún raro artefacto colocado en el cuerpo, y mucho menos alguna operación quirúrgica...---Mi madre hizo una pausa para ir a la cocina unos minutos , acompañada de mi padre, y ambos regresaron , como era ya la costumbre con café , té y algunas galletas , y después de repartirlas entre los presentes reinició con el tema---El método Billings ,se basa principalmente en el tipo de flujo femenino, pero para poder llevar a cabo dicho método es necesario saber si tu periodo está en el promedio...Y ¿Cómo puedes averiguarlo?---Preguntó mi madre directamente a Berenice pero ella solo hizo un ademan para indicar que no sabía, así que prosiguió mi madre--- Para saber si tu periodo es regular se debe de tener un tiempo de abstinencia de un poco más de 3 meses , en los cuales se debe de tomar nota tanto de los días que dura tu ciclo menstrual, desde el primer día de su regla hasta el inicio de su siguiente menstruación, y en especial al tipo de flujo vaginal que se tiene en todos estos días, si durante estos meses los ciclos menstruales son similares se puede decir que se tiene un periodo regular...Un ciclo menstrual promedio dura 32 a 33 días aproximadamente, pero el flujo es en lo que se debe poner más atención, la menstruación en un ciclo promedio dura de 3 a 5 días, después de terminar la regla vienen 1 0 2 días de ausencia de flujo, a estos días se les conoce como "días secos" después inicia el flujo que el primer día es blanco , lechoso , espeso, pero al pasar de los días su consistencia y color va cambiando, haciéndose cada vez más claro y menos espeso hasta tener la apariencia y consistencia de clara de huevo, esto tarda entre 10 y 12 días, después cambia de nuevo a flujo blanco, espeso y lechoso, este flujo solo dura 2 o 3 días y después de nuevo dejara de haber flujo, o sea que serán "días secos" y esto durará hasta el inicio de la siguiente menstruación , para completar los 28 días que hay entre el final y el inicio de la menstruación...esto es en un ciclo promedio, por eso es de vital importancia tener esos meses de observación para monitorear días de flujo , días secos y días de sangrado, parece tedioso al inicio pero si se hace un chequeo diario con el paso del tiempo se hará cotidiano y por consiguiente más sencillo...¿Hasta aquí está claro?---Y esta vez todos los presentes respondimos de manera afirmativa---Entonces ahora les hablaré de porque es tan importante el tipo de flujo y sobre todo el día que cambia de consistencia...Dentro de los ovarios se produce un ovulo cada 56 días aproximadamente, pero se alternan , como los pedales de una bicicleta, así que cada 28 días un ovulo maduro sale de un ovario, recorre las trompas de falopio, con rumbo al útero, si es fecundado en el trayecto se implanta en las paredes de este, pero si no pasa nada se desintegra y es expulsado durante la menstruación, para ser especifico el día exacto en el que el ovulo maduro sale del ovario se le conoce como " día cúspide" o "día de la ovulación "pero de esto hablaré un poco más adelante, el flujo vaginal contiene varias vitaminas, calcio y algunas otras sustancias más, similares al semen masculino, la única diferencia entre ellos es que el semen contiene espermatozoides , ningún otro organismo o bacteria, solo espermatozoides y vitaminas...Si se preguntan para que tantas vitaminas y calcio en una sustancia que se expulsa del cuerpo pues la respuesta es sencilla, los espermatozoides son seres vivos y por consiguiente necesitan alimentarse , así que ambos fluidos son su alimento, después de salir del cuerpo masculino pueden sobrevivir varias horas , inclusive varios días si están inmersos en el flujo femenino; Hay 2 tipos de espermatozoides, la diferencia entre ellos es su forma y su carga genética, el primero de ellos tiene su parte frontal o cabeza en forma de circulo, con su cola con un tamaño corto, en comparación con el de su cuerpo circular, así que se mueve con lentitud, pero puede sobrevivir varios días dentro del útero femenino, alimentándose del flujo , su carga genética está formada por los cromosomas XX o sea femenino...El otro tipo de espermatozoide tiene su parte frontal o cabeza en forma ovalada, alargada y con una muy larga cola, esto hace que su velocidad de desplazamiento sea superior , en comparación con el de cabeza redonda y cola corta, estos veloces espermatozoides no viven mucho tiempo , aún dentro del flujo vaginal, estos tienen su carga genética con cromosomas XY, o sea masculino; Ahora les hablaré un poco más del "día de la ovulación" , al inicio , como ya dije anteriormente, el flujo femenino es blanco ,espeso pero con el paso de los días va disminuyendo en color y espesor, hasta llegar a la apariencia transparente y aceitosa, como clara de huevo, después vuelve a cambiar a blanco , espeso por 2 o 3 días más, pues el último día de flujo transparente , como clara de huevo, es el día exacto de la ovulación, es por esa razón que se le llama también "día cuspide"porque al día siguiente cambia de nuevo---Entonces yo la interrumpí para preguntar---¿Por qué es tan importante el flujo en general?---Y mi madre respondió de inmediato---Si se tienen relaciones mientras la mujer tiene flujo , y el hombre eyacula en el interior de la vagina las probabilidades de que esta quede embarazada son casi del 100%, esto debido a que los espermatozoides pueden sobrevivir por días , hasta el día de la ovulación y al salir el ovulo del ovario seria fecundado, inclusive los 2 o 3 días después de la ovulación...los días en los cuales las relaciones sexuales pueden llevarse a cabo sin riesgo de embarazo son los días secos que vienen después de estos 2 0 3 días de flujo, después del día cúspide, antes de la siguiente menstruación, existen 2 o 3 días secos después de terminar la menstruación y dar inicio al flujo pero estos días a veces no aparecen ,es recomendable evitar la relaciones en esos días, ¿Tienen alguna otra duda?---Y esta vez fue Berenice la que hizo la pregunta---¿Como me percato del día de la ovulación , si el flujo cambia hasta un día despues de este?---Mi madre contestó con una sonrisa en el rostro---El día de la ovulación a todas las mujeres nos sucede algo fuera de lo cotidiano en nuestro cuerpo, varia de mujer a mujer, a veces nuestro aroma cambia a un olor agradable para el sexo opuesto , esto de debe al aumento en las feromonas, algunas veces tu cabello se vuelve mas sedoso o al contrario más dificil de peinar, la más común es que sientes un dolor en el vientre, a veces del lado derecho y otras veces del lado contrario, esto se debe a que el ovulo sale de diferente ovario cada vez, solo tienes que poner atención a ese cambio en tu cuerpo durante los 3 meses que utilizas para monitorear tu periodo---Despues Berenice hizo una nueva pregunta--- ¿Y cómo es que se puede concebir y elegir el sexo del bebé?---Sonriendo mi madre continuó---Como les dije hay dos tipos de espermatozoides , si se tienen relaciones los primeros 2 o 3 días máximo del inicio del flujo y el hombre eyacula dentro de la vagina, los espermatozoides inician su recorrido rumbo al ovario, los que tienen cromosomas masculinos son más rápidos así que en menos de un día llegan al ovario pero como aún se encuentra cerrado , permanecen un tiempo esperando , pero debido al esfuerzo realizado y a pesar de contar con alimento , estos morirán en un día o dos máximo, entonces mientras los espermatozoides con cromosomas femeninos avanzan lentamente y tardan de 3 a 6 días en llegar al ovario , pero como se tomaron el tiempo en llegar y se alimentaron mientras recorrían el camino sobrevivirán afuera del ovario varios días más , así que cuando salga el ovulo del ovario el día cúspide será fecundado y el resultado será un embrión femenino...Si en cambio quieres conseguir un embrión masculino debes de tener relaciones exactamente el día de la ovulación y para cuando el ovulo salga del ovario , los espermatozoides con cromosomas masculinos ya estarán ahí y será fecundado teniendo como resultado el embrión masculino, y los espermatozoides con cromosomas femeninos no llegaran a tiempo...este método para concebir tiene una efectividad del 75% debido a que debes tomar en cuenta también el buen estado de salud del compañero , ya que algunos factores externos , como estar expuesto a algún tipo de sustancia, o radiación , puede provocar alteraciones en los espermatozoides...En nuestro caso fué el daño en mi útero después de mi aborto el que no permitió que concibiéramos...Si les interesa saber más al respecto pueden buscar información por su cuenta, espero que tomen la mejor decisión---Concluyó mi madre y proseguimos nuestra reunión , conviviendo por unas horas más , pero terminamos más temprano que de costumbre ya que teníamos muchas cosas que pensar Berenice y yo.

6

"GESTACIÓN"

El embarazo de Berenice siguió su curso sin contratiempos, hasta el sexto mes, porque surgió una situación en la preparatoria donde estudiábamos; Esa mañana llegamos a la preparatoria, unos 20 minutos antes de la hora de entrada como de costumbre, pero justo cuando nos dirigíamos al salón de clases fuimos intersectados por la directora del plantel, que mirándonos a los ojos nos dijo--- ¿Me pueden dar unos minutos jóvenes? Tengo que hablar con ustedes---Y sin decir nada asentimos con la cabeza , para dar una respuesta afirmativa, entonces comenzó a caminar y nosotros detrás de ella, hasta que llegamos a la dirección, los 3 entramos y después de sentarnos en un par de cómodas sillas de oficina, colocadas frente al escritorio de la directora, ella se sentó en su lugar y comenzó a hablar---Seré lo más breve posible ...Hace unos meses surgió un rumor en la preparatoria, el cual llegó a mis oídos y al inicio lo tomé como un chisme, pero al pasar de las semanas una serie de acontecimientos por parte de ambos confirmó dicho rumor , por recomendación de su profesor de historia traté de hacer como que no pasaba nada, pero el cuerpo de Berenice ha cambiado y ya es imposible ocultar lo de tu embarazo, tu vientre abultado ha causado múltiples quejas de los padres de familia así que tengo que hablar con sus padres lo más pronto posible---Y de uno de los cajones del escritorio sacó un block de notas y utilizando una pluma llenó rápidamente un par de las pequeñas notas y después de firmar ambas, las separó del resto y entregando una a Berenice y otra a mí nos dijo---Estos son citatorios urgentes para sus padres, los espero el día de mañana después de clases y espero también contar con su presencia, por ahora vayan a sus clases---Y sin decir nada más salimos de la dirección y nos dirigimos al salón de clases , tratando de seguir guardando las apariencias, aunque según las palabras de la directora ya no tenía caso hacerlo.

Después de un largo y no muy agradable día de clases , Berenice y yo regresamos a mi casa donde nuestros padres nos esperaban, los pusimos al tanto de nuestra situación y entregamos los citatorios, y esta vez fué el padre de Berenice el que tomó la palabra--- Desde hace unas semanas nosotros cuatro hablamos al respecto y sabíamos que esto sucedería , así que no se preocupen mañana iremos a la cita y hablaremos con su directora o con quienes tengamos que hablar, estén tranquilos y descansen...Tanto nosotros como los padres de Uriel llegamos al acuerdo que ya es momento de que vivan juntos ,así que desde hoy Berenice se quedará en esta casa por lo menos hasta la mitad del octavo mes que deberá regresar a nuestra casa para que su madre la cuide los últimos días antes del parto, ya mañana después de ir a la cita traeremos algo de ropa de Berenice , no sabemos si es buena idea pero estamos de acuerdo en que deben de estar juntos en todo lo que se les avecina--- Terminó y seguimos con nuestra reunión un par de horas más y cuando se marcharon los padres de Berenice nos fuimos a mi habitación a reacomodar algunas cosas para acondicionar el lugar para dormir juntos, después de bañarnos , por separado, nos dispusimos a dormir, y cuando nos acostamos en mi cama permanecimos en silencio por varios minutos, era extraño tener a Berenice conmigo, mi corazón latía aceleradamente pero era una mezcla de sentimientos, por una parte estaba emocionado de compartir más tiempo con la mujer que amaba pero también estaba asustado porque no tenía idea de cómo vivir en pareja; Estaba en medio de mis pensamientos cuando algo me volvió a la realidad , sentí el brazo de Berenice sobre mi pecho, me envolvió en un cálido y tierno abrazo , después me besó en los labios, para después seguir con caricias , que fueron creciendo en intensidad, dejándonos llevar por la pasión , nos desvestimos dispuestos a tener relaciones , desde que supimos del embarazo de Berenice no habíamos tenido intimidad, así que en verdad que lo deseábamos, pero justo cuando estábamos a punto de iniciar , miré su cuerpo desnudo, había cambiado mucho desde la última vez que estuvimos juntos, sus pies estaban hinchados, su rostro un poco demacrado y cuando vi su vientre abultado me detuve por completo---¿Si podemos tener relaciones si estas embarazada?---No hubo respuesta ,

solo me indicó que me recostara junto a ella
y abrazándome solo dijo---Todo está bien ,
mi amor...Debemos descansar---Y el contacto
de su cuerpo desnudo me trajo una paz que
no sentía desde hacía tiempo y ahí abrazados
, desnudos ,nos quedamos dormidos.

El día de clases pasó rápidamente y sin
contratiempos, y como se nos indicó un día
antes nos dirigíamos hacia la dirección pero
de nueva cuenta fuimos intersectados por la
directora---¡Síganme por Favor!---Y lo hicimos
sin decir una sola palabra,, caminamos unos
metros pero esta vez no entramos en la
dirección , ella nos guio a la sala de juntas
que se encontraba junto a la dirección ,
nuestros padres ya se encontraban ahí, y en
unos minutos llegaron los docentes y
algunos padres de familia también, según
dijo la directora eran los miembros de la
mesa directiva de la preparatoria y ya todos
reunidos inició hablando una de las madres
de familia---¡Buenas tardes a todos y todas!
Convocamos esta reunión extraordinaria
porque hay un tema importante que hay que
discutir y no puede esperar más...El
embarazo de la señorita Berenice , aquí
presente, sabemos de antemano que el padre
de este bebé es el joven Uriel y según el
reglamento interno de este plantel educativo
en una situación así los involucrados serán
dados de baja, pero por petición de la
directora y algunos de sus profesores ,los
cuales dicen que ambos son buenos
estudiantes, estamos reunidos todos aquí
para buscar alguna otra alternativa---Fueron

sus palabras y cuando terminó comenzó un acalorado debate, en el que todos los presentes dieron su punto de vista y la mayoría de ellos estaba de acuerdo en darnos de baja pero la decisión final era de la directora y después de un nuevo y largo debate se tomó una decisión final y fué la misma madre que inició la reunión la que habló de nueva cuenta---Después de escuchar todos los diferentes puntos de vista se llegó a un acuerdo que será lo mejor para ambos...Pero para que todo resulte se pide el apoyo de los padres de los jóvenes , Berenice no será dada de baja, solo se le suspenderá el tiempo que dure el resto de su embarazo, y gracias a que Uriel se encuentra en las mismas clases que ella , compartirá toda las tareas y la información de cada una de las clases , solo se le permitirá asistir a los exámenes o si le es imposible hacerlo podemos apoyarla de manera virtual con exámenes en línea, todo con el fin de que no detenga sus estudios---Terminó y dio por concluida la reunión; Acompañados por nuestros padres regresábamos a nuestra casa ,en el auto de mis padres y mientras íbamos de regreso hice una pregunta a mi padre--- ¿Podemos tener relaciones sexuales durante

el embarazo?---Mi padre sonriendo contestó
con otra pregunta---¿Cuándo le toca a
Berenice ir a su chequeo mensual con el
especialista?---Y sacando mi teléfono móvil
chequé el calendario para buscar la fecha
exacta en que Berenice tenía la cita y
casualmente la fecha estaba cercana---Dentro
de 2 días a las 4pm---Y mi padre con la calma
de siempre me dijo---El día que vayan a la cita
con el medico deben cuestionarlo al
respecto, pero ustedes estén tranquilos---Y
continuamos el trayecto a nuestra casa.

Eran las 3:45 pm cuando Berenice y yo llegamos con el especialista, el cual después de hacer el chequeo correspondiente, y terminada la revisión nos dijo---El bebé está en perfectas condiciones, y su embarazo sigue su curso sin ninguna complicación , así que solo les falta esperar---Eran excelentes noticias y estábamos felices por eso , pero teníamos que hacer la pregunta , iba a hablar pero como empecé a tartamudear por los nervios, fué Berenice la que habló por mí---Doctor...¿Podemos tener relaciones sexuales durante el embarazo?---Y el doctor contestó tranquilamente---Por supuesto , la única razón por la que no se podría hacer el acto sexual , sería que fuera un embarazo patológico, o sea que haya algunas complicaciones o riesgos en el proceso de gestación, pero en su caso no hay ningún problema , obviamente tienen que buscar ciertas posiciones , que sean cómodas , pero hasta es recomendable ya que , está comprobado que el bebé comparte un lazo emocional con la madre, entonces si la madre está feliz y tranquila él también lo estará, ademas algunas de las sustancias que contiene el semen ayudan , en días previos al parto , pueden estimular las contracciones, la

modificación del cuello uterino y hacer que el
parto realmente ocurra en tiempo y no se
pase de la fecha...El bebé no sabe lo que
sucede ya que él solo comparte las
emociones que tiene la madre , ademas de
que el libido de la madre se incrementa
después del tercer mes , y esto provoca cierta
atracción a su pareja, es comparable a las
conocidas feromonas, entonces platíquenlo
en su casa con calma y nos vemos el próximo
mes---Estas palabras no solo nos dieron
felicidad, literalmente nos existamos así que
después de salir del consultorio del médico ,
que por casualidad se encontraba en el
centro de la ciudad, nos dirigimos de
inmediato al único lugar que se nos ocurrió,
el hotel donde después de nuestra primera
vez, acostumbrábamos visitar y que desde
que supimos del embarazo no habíamos
visitado, llegamos y la señora de recepción
sonriendo y mirando el vientre abultado de
Berenice nos dijo---Hola jovencitos, veo que
ya van a ser padres, me da gusto por
ustedes, ya que hacen una bonita
pareja...Como siempre les tengo la
habitación 24---Pagué , tomé las llaves y casi
corriendo nos dirigimos a la habitación y
después de bañarnos hicimos el amor, solo
tuvimos que buscar algunas posiciones

cómodas para Berenice, pero fué la experiencia más maravillosa que habíamos tenido juntos... Berenice con su vientre abultado se veía hermosa, como nunca la había contemplado; Después de asearnos salimos del hotel, nos despedimos de la mujer de recepción y nos dirigimos a mi casa donde después de comer algo nos fuimos a mi habitación, nos recostamos en mi cama, nos abrazamos y en cuestión de minutos nos quedamos profundamente dormidos.

Pasaron 2 semanas, en las cuales tuvimos que adaptarnos a la nueva forma de estudiar de Berenice, al inicio fué bastante agotador para mí, ya que no solo tenía que asistir a clases con normalidad, ademas tenía que tomar notas y recibir información extra de cada uno de los maestros y de la directora al final del día de clases, todo con el fin de que Berenice pudiera seguir con su aprendizaje en casa, pero poco a poco me fuí adaptando hasta hacerlo un habito en mi vida diaria; Pasaron las primeras dos semanas y todo parecía seguir viento en popa pero esa mañana durante la clase de educación física tuvimos una actividad en la alberca de la escuela y cuando terminamos , el traer tantas cosas dentro de mi cabeza hizo que tuviera un descuido , que al inicio no le dí importancia, cuando salí de bañarme en los baños de la escuela tomé lo que yo pensé que era mi toalla , para secarme , pero al frotarla en mi cuerpo descubrí que estaba húmeda, traía algo de prisa así que terminé de medio secarme y aún con algunas partes de mi cuerpo un poco húmedas, entre ellas mi entre pierna, y mis axilas, como pude me vestí rápidamente y me fui a clases, pero al pasar de los minutos comencé a sentir incomodidad, al inicio solo fué un poco de comezón en mis testículos y cuando llegué a mi casa entre al baño y al orinar sentí ardor al hacerlo ,sabía que no era normal, pensé que solo me encontraba un poco deshidratado y tomé un par de vasos de agua...Cuando llegó la noche y nos disponíamos a dormir el dolor era insoportable y cuando Berenice me insinuó con una caricia sobre mi pierna que quería tener relaciones sexuales, tuve que mentirle diciéndole que estaba exhausto , ella un poco molesta al principio cambió su semblante pero después de unos minutos me abrazó y dándome un tierno beso en los labios me dijo dulcemente---Descansa mi amor---Y en unos minutos ambos nos quedamos dormidos.

Eran casi las 4 de la mañana cuando desperté empapado de sudor, y ardiendo en fiebre, me incorporé para ir al baño y cuando oriné fué la sensación más horrible que había sentido en mi vida, ardor, comezón y un malestar en mi estómago, que me hizo vomitar, pero después de estar varios minutos dentro del baño , me lavé la cara , me tomé un par de aspirinas y regresé a la cama; Unas cuantas horas después , aún con el dolor, comezón y con bastante sueño, me encontraba en la clase de historia tratando de poner toda mi atención pero me fué imposible me recosté en mi silla cerré mis ojos y sin poder hacer nada me quedé profundamente dormido...Con algunos movimientos fuí despertado por mi profesor de historia---¿Te encuentras bien Uriel?---Y solo pude asentir de manera afirmativa, pero el profesor tocó mi frente y asombrado dijo---¡Estas ardiendo!, ¡Acompáñeme a la enfermería y dígame que síntomas tiene---Le comenté de la comezón, el dolor, y el ardor al orinar, entonces su rostro cambió tornándose un poco preocupado---Todo parece indicar que tienes algún tipo de enfermedad venérea o de transmisión sexual, te recomiendo ir con un especialista---Yo no sabía nada al respecto así que pregunté---

¿Qué tipo de especialista trata esas enfermedades?---El profesor me contestó---Al médico que trata ese tipo de enfermedades en los hombres se le conoce como Urólogo-andrólogo, que viene a ser como el ginecólogo de las mujeres, pero debido a que ya vives con Berenice , te recomiendo que ambos vayan a revisión---Y sacando una pequeña tarjeta en blanco de su cartera, anotó un teléfono en ella y una dirección, después me la entregó mientras decía---Este es el numero de un conocido mío que es urólogo, por ahora es primordial que vayas a tu casa y Berenice y tu vayan a su consultorio---Tomé la tarjeta, la guardé en mi mochila y después de ser escoltado a la puerta de salida por el profesor me dirigí ,o más rápido que pude a mi casa, y mientras lo hacía pasaron muchas cosas en mi mente, sobretodo como se lo diría a Berenice, ¿Qué pensaría de mí?...¿Y si era VIH o sida como se le conoce?, Sentí mucho miedo al pensarlo; Después de más de media hora llegué a mi casa, ahí estaban mi madre y Berenice , ambas me recibieron con una sonrisa, pero también algo intrigadas al ver que llegaba más temprano que de costumbre , y al ver a las dos juntas me armé de valor y sin

pensarlo dos veces le dije a Berenice---
Tenemos que ir con un especialista en
enfermedades sexuales, creo que tengo una
enfermedad venérea---Al principio Berenice
sonrió, después solo se quedó seria,
entonces sus ojos enrojecieron y comenzó a
llorar mientras decía una y otra vez---¿Cómo
pudiste hacerme esto?¿Cómo me pudiste
fallar?...¿Cómo pudiste hacerme esto?¿Cómo
pudiste hacer esto?---Mi madre si fué más
directa y bastante molesta me dio una fuerte
cachetada y después me preguntó---Le fuiste
infiel a Berenice---No supe que responder
solo agaché la mirada , entonces volvió a
preguntar---¿Le fuiste infiel?...¡¡Contesta!!---
Me sentía avergonzado , jamás podría hacerle
eso a Berenice, yo la amaba, pero sabía que
no creerían cualquier cosa que les dijera...Y
en eso estábamos, mi madre histérica,
furiosa , gritando y Berenice llorando
desconsolada , cuando llegó mi padre del
trabajo, venía a comer y se encontró con la
incómoda escena---¿Que sucede aquí? ---Y mi
madre fué la que contestó---¡¡Tu hijo que por
andar de mujeriego se contagió de una
enfermedad ?---Entonces mi padre con la
tranquilidad de siempre se acercó a mí y
tomándome por lo hombros me dijo---Uriel,
mírame a los ojos y contéstame con le

verdad...¿Estuviste con alguien más íntimamente?---Y con lágrimas en mis ojos le contesté---¡¡Jamás podría hacerle eso a Berenice , pero no sé cómo me pude contagiar, necesito ir con un especialista---Mi padre mirándome directamente a los ojos me dijo---Te creo hijo, pero creo que lo más recomendable es que vayas lo más pronto posible con un Urólogo---Entonces saqué la tarjeta que me dio el profesor y se la entregué, la miró unos segundos y me dijo--- Yo los llevo en mi auto, me queda de paso ,en el trayecto a mi trabajo, espérenme unos minutos que coma algo y con mucho gusto los acompaño---Después se acercó a Berenice y le dijo , mientras que le ayudaba a ponerse de pie---Algunas enfermedades venéreas no se contagian por tener relaciones sexuales, debes estar tranquila, en tu condición no es bueno que te sobresaltes de esa manera---Al escucharlo Berenice se limpió las lágrimas de sus ojos y acercándose a mí me dijo--- ¡¡Júrame que no me fuiste infiel Uriel!!---Y abrazándola le dije---Te amo y nunca podría hacerte eso---Y Ya todo más relajado nos dirigimos a comer junto con mi madre y mi padre; Casi una hora después entrabamos al consultorio del urólogo Berenice y yo, llegamos a recepción, ahí se encontraba una mujer de unos 40 o 42 años, que nos recibió con una leve sonrisa en la cara --- ¿Vienen a consulta? O ¿Es la primera vez que vienen?---Y algo apenado le contesté---Vengo porque tengo algunas molestias---Y la mujer sin cambiar su semblante nos dijo--- ¡Tomen asiento! El doctor esta con un paciente pero ya casi termina con él---Ambos lo hicimos y sin decir una palabra esperamos casi 20 minutos, hasta que del interior del consultorio surgieron un par de siluetas, era el doctor acompañado del paciente, y después de darle algunas indicaciones nos pidió que lo acompañáramos, lo hicimos, entramos a su consultorio y nos sentamos frente a su escritorio, era un sencillo pero muy apacible lugar--- ¿Ambos tienen síntomas?---Y de inmediato le contesté--- ¡No! Solo yo---Le dije mis síntomas y después de pedirme que me desnudara detrás de un pequeño biombo me entregó una sencilla bata, después me revisó minuciosamente, presión, ritmo cardiaco, ojos, etc...Después revisó cuidadosamente mi pene y mis testículos , anotó todos los sintomas en una pequeño block de notas, entonces me pidió que me vistiera de nuevo y ya en su escritorio comenzó a hablar, mientras que tanto Berenice como yo lo escuchamos atentamente---Antes de decirles el diagnostico, debo aclarar algunos detalles acerca de las enfermedades venéreas, no se les puede generalizar con el nombre de enfermedades de transmisión sexual porque algunas de ellas no se transmiten por tener relaciones sexuales...Hago énfasis en este punto porque veo la perturbación en el rostro de ambos, y debido a mi experiencia creo saber lo que sucede, y sin decir nada más lo resumiré en una sola palabra..."Infidelidad", pero antes de que tengan un problema tan serio en su relación iniciaré diciendo que existen varios tipos de estas enfermedades, algunas se contagian por hongos, otras por bacterias y algunas más por virus , las cuales se transmiten con la mezcla de fluidos corporales, sangre, semen, durante el coito...Otras con el contacto piel con piel...Algunas más durante el embarazo, el parto o la lactancia...También en una trasfusión de sangre,transplante de órganos contaminados, al igual que el uso de objetos también contaminados, como jeringas, tijeras, navajas ; Las que se contagian por hongos y bacterias son curables , con un tratamiento , si se descubren a tiempo algunas de ellas son:

Candidiasis: Causada por el hongo
"Cándida albican"...En las mujeres provoca
abundante flujo vaginal, blanco,
maloliente...En los hombres provoca picazón
o ardor en el pene.

Gonorrea: Causada por la bacteria
"Necserea gonorreé"...En las mujeres provoca
abundante flujo blanco o amarillento...En los
hombres, secreciones de color amarillo, que
salen del pene, en ambos sexos provoca
ardor o dolor al orinar.

Sifilis: Causada por la bacteria "Treponema
panidium"...En ambos sexos los síntomas en
etapa temprana, aparecen viseras, llagas o
chancros en la zona genital, en la segunda
etapa, aproximadamente un año después se
producen manchas rosáceas en la piel y
varios años después, inclusive décadas ataca
el sistema nervioso o algún órgano
provocando muchas complicaciones y
finalmente la muerte.

Tricomoniasis: Es producida por un Protosario llamado "Tricomonea vaginalis"...En mujeres genera un flujo vaginal amarillento o verdoso, con mal olor...En los hombres la mayoría de las veces no produce síntomas, pero en raras ocasiones produce inflamación en la uretra, problemas en la próstata y hay que recalcar que esta enfermedad se puede contagiar por ropa interior húmeda.

Las infecciones causadas por virus son incurables, pero pueden ser atenuadas con el tratamiento adecuado, algunas de ellas son:

Hepatitis B: Producida por el virus "Hepatitis B"...Causa vómito, cansancio, presión, color amarillento en la piel y ojos, oscurecimiento en la orina, excremento más claro, en estados avanzados provoca graves daños en el hígado y finalmente la muerte.

Herpes genital: Producida por el virus"VHS"...Causa en ambos sexos comezón en el cuerpo, aparecen pequeñas vesículas muy dolorosas en la zona genital y órganos sexuales internos, como el útero, también puede contagiarse por el contacto piel con piel.

VIH(Sida):Los primeros años no produce síntomas pero después produce gripa, cansancio, pérdida de peso, fiebre nocturna, diarrea y una gran variedad de infecciones...Con un buen tratamiento a base de retrovirales, los cuales no curan la enfermedad pero alargan bastante la vida.

VPH (Papiloma humano): Causa en las mujeres dolor durante las relaciones sexuales, aumenta el sangrado menstrual, verrugas en la vulva, vagina, cérvix y ano, sin medicación puede provocar cáncer en el cuello del útero...En los hombres produce verrugas tanto en el ano como en el escroto.

El Hepatitis B y el VPH pueden ser evitadas con un tratamiento preventivo , por medio de vacunas...Son algunas de las enfermedades más comunes y ya para finalizar y darte el tratamiento correspondiente debo decirte que lo que tu padeces es "Tricomoniasis" y la manera en que te contagiaste fué por el contacto de alguna prenda íntima húmeda contaminada, no por relaciones sexuales y es curable con medicamentos, así que te voy a dar un tratamiento y en un par de semanas estarás completamente sano, pero por el momento deben abstenerse de tener relaciones sexuales para evitar el contagio, aunque mi recomendación sería que vayan con un ginecólogo y hagan un examen a tu pareja para saber si ella también llegó a contagiarse, en verdad espero que no sea el caso debido a que en su estado podría tener consecuencias devastadoras para el bebé--- cuando terminó de hablar recordé la toalla húmeda con la que me había secado días antes en la escuela , después de estar en la alberca de la preparatoria, al parecer fué ahí donde me contagié de "Tricomoniasis", estaba feliz porque estaría sano en unas semanas pero estas últimas palabras del médico nos dejaron fríos de la impresión a los dos, así que sin perder más tiempo y después de salir del consultorio y comprar los medicamentos correspondientes para mi infección nos fuimos de inmediato con un ginecólogo el cual en tan solo unos minutos nos dejó tranquilos ya que nos dijo que Berenice estaba libre de infecciones pero al igual que el urólogo nos recomendó no tener relaciones sexuales hasta que yo me encontrara completamente sano; Salimos felices del consultorio del ginecólogo , íbamos tomados de la mano, caminamos unos cuantos pasos y de pronto Berenice se detuvo y dándome un abrazo me dijo---¡Perdóname mi amor por dudar de ti!---Pero con un tierno beso en la frente le dije---Te amo...nunca sería capaz de faltarte de esa manera, no te preocupes creo que yo hubiera reaccionado de la misma Manera o hasta peor---Y continuamos nuestro camino rumbo a mi casa.

7

"DESTINO"

Solo se necesitaron un par de semanas para que la enfermedad desapareciera por completo y pudimos seguir con nuestra vida , nos había costado algo de trabajo , pero conseguimos el equilibrio perfecto entre los estudios y el embarazo; Casi era el séptimo mes de gestación cuando un día por la tarde llegaron nuestros padres con una buena noticia, y fué mi madre la encargada de hacerlo---Como ustedes saben, Mario y yo durante los últimos meses tuvimos comunicación con la institución que nos ayudó a obtener la adopción de Uriel, y nos acaban de avisar hace una hora, que ya hay una pareja que reúne los requisitos para adoptar a su bebé, y no solo eso , se nos comunicó también que gracias a nuestro historial con la adopción de Uriel, van a pasar por alto una de las principales reglas, la cual consiste en que la pareja que da un bebé en adopción no puede conocer a la pareja que recibirá al su hijo, pero nosotros tendremos el privilegio de conocerla en una entrevista en la ciudad de México, y ya tenemos fecha...Será el 14 de febrero a las 10 de la mañana , así que los acompañaremos para que los conozcamos todos---Fué una sensación agridulce ya que todo parecía seguir su marcha sin contratiempos y eso nos daba mucha alegría, pero ya era casi el séptimo mes de gestación y tanto Berenice como yo , nos habíamos encariñado bastante con el bebé, pero la decisión seguía siendo la misma.

Ese día durante la noche tuve una nueva pesadilla, en esa ocasión el sueño inició con Berenice de pie a unos metros de mí, sosteniendo un bebé entre sus brazos , y varios segundos después aparecieron una pareja de personas , pero no podía ver sus rostros porque venían cubiertas con túnicas negras, entonces Berenice caminó hacia ellos y les entregaba el bebé pero en cuanto lo tomaron entre sus brazos se trasformaron en las bestias con las que siempre soñaba y sin poder hacer nada literalmente despedazaron el pequeño cuerpecito , para después devorarlo rápidamente , ante los gritos desgarradores de Berenice...Desperté como siempre, empapado de sudor y con el corazón a mil por hora, pero a diferencia de las veces anteriores no estaba solo , Berenice estaba junto a mí y cuando desperté de inmediato me abrazó---Solo fué un sueño mi amor...Todo está bien---Fueron sus palabras y cuando me envolvió entre sus brazos sentí una paz infinita, solo pude pronunciar unas palabras para preguntarle---¿Aún quieres dar en adopción a nuestro hijo?---Y ella dudando unos segundos me respondió---La verdad tengo días dudándolo, después de sentir todo el embarazo , siento que amo a mi bebé y no sé si pueda solo entregarlo a unos desconocidos...Entonces colocó sus manos sobre su estómago y yo coloqué la mías sobre las suyas y justo en ese momento el bebé comenzó a patear , la sensación fué maravillosa y con algo de tristeza en mis palabras le dije---Hay que conocerlos y ya veremos qué pasa, yo también amo a mi bebé y quiero lo mejor para él---La abracé y ambos nos quedamos dormidos.

Pasaron las semanas rápidamente y la fecha llegó, mis padres y los de Berenice nos acompañarían a la cita, así que pidieron un permiso especial en la escuela para que me permitieran ausentarme de las clases por unos días, mi padre rentó un transporte familiar ya que era un viaje de más de 8 horas en carretera, sería más cómodo y rápido en un transporte particular; Salimos el día 13 de febrero por la mañana y llegamos a la ciudad de México el mismo día pero ya avanzada la noche así que tuvimos que hospedarnos en un hotel del centro de la ciudad, estábamos cansados del viaje así que después de cenar nos dirigimos a nuestras habitaciones, nuestros padres rentaron 3 cuartos para tener intimidad, pero estábamos exhaustos así que nos bañamos y después nos acostamos a dormir...Esa noche tuve la misma pesadilla de Berenice entregando él bebe a las dos personas misteriosas, que después de transformarse en bestias , devoraron al pequeño, y de nuevo desperté sudando y con el corazón alterado, pero los brazos de Berenice de nuevo me trajeron paz y pude dormir más tranquilo.

Finalmente el día había llegado, y era una enorme casualidad que fuera el 14 de febrero, justo un año después de que tuviéramos nuestra primera relación sexual , en la habitación 24 de ese pequeño hotel en el centro de nuestra ciudad, llenos de ilusiones y sueños y ahora un año después nos encontrábamos llenos de dudas y sentimientos encontrados; Después de una mala noche para todos los involucrados, que al igual que yo no pudieron dormir bien, pero todos ya estábamos listos para salir del lugar antes de las 8 am, nos dirigimos a un pequeño café cercas del hotel y tomamos un café , acompañado con un postre, los padres de Berenice eligieron un pay de piña recién horneado, que compartieron , mis padres por su parte solo pidieron un par de donas , una cubierta de chocolate para mi madre , la otra cubierta con un glaseado de coco para mi padre, y finalmente Berenice y yo nos decidimos por una rebanada de pastel de vainilla , con cubierta de fresas, todos comimos en silencio mientras veíamos a nuestro alrededor la decoración del sencillo lugar, que conmemoraba el día del amor y la amistad, esto en lo personal me entristeció bastante, pero ahogué mi tristeza con un trago de café; Después de desayunar salimos rumbo al lugar de la cita, mi padre era el que conducía, iba despacio ya que eran apenas las 9:30 y según nos dijo el lugar se encontraba a unas cuantas calles de ahí...Finalmente llegamos al sitio , era un edificio de solo 5 pisos, mi padre nos pidió que descendiéramos del vehiculo,solo lo hicimos Berenice, mi madre y yo, mientras lo estacionaba, mi madre nos guio en el interior del edificio, y después de tomar el ascensor subimos un par de niveles, hasta llegar al tercer piso, llegamos a una pequeña sala de espera , eran las 9:50 y solo permanecimos sentados en unas pequeñas sillas , que se encontraban en el lugar, unos 5 minutos y la puerta de la oficina principal , la cual decía "juzgado de lo familiar "se abrió y salió una mujer de unos 40 años, vestida con un uniforme de oficina de color azul oscuro---¡¡Buenos días!!¿Vienen a la cita para conocer a la pareja que adoptará a su bebé?---Y después de contestar el saludo Berenice y yo contestamos al mismo tiempo con un simple---¡¡Sí!!---Entonces la mujer nos indicó que pasáramos al interior de la oficina, entramos y ya en el dentro pudimos ver que había dos sillones negros de tamaño considerable, colocados en Angulo de 90 grados, y frente a estos había un pequeño , pero no por eso sencillo escritorio, de color negro con acabado liso en su parte superior---Pueden sentarse por favor, en lo que esperamos a que llegue la pareja interesada en la adopción---Nos sentamos los 3 en un solo sillón y todavía nos sobró espacio, Berenice y yo nos tomábamos de las manos, estábamos tan nerviosos que nuestras palmas sudaban, pero permanecimos con nuestras manos unidas por varios minutos.

Dieron las 10 de la mañana exactamente cuándo se escucharon unos toquidos en la puerta, la mujer abrió de inmediato y apareció una pareja de unos 40 o 45 años aproximadamente---¡¡Bienvenidos señores!!Yo soy Verónica Zambrano licenciada encargada de su caso, Los están esperando, al escuchar estas palabras los 3 nos pusimos de pie y empezaron las presentaciones formales--- Ellos son los señores Martha Pérez Álvarez y su esposo Efraín Ortiz Huerta,, ellos son los futuros padres adoptivos de su bebé---Mi madre fué la primera en presentarse, saludó de mano a los dos y se hizo a un lado, Berenice fué la siguiente, que también los saludó formalmente, hasta ese momento todo iba bien , pero cuando fué mi turno de presentarme le tomé la mano al hombre---Un gusto conocerlos , soy Uriel Martínez---Le dí un apretón de manos al señor Efraín, en señal de respeto y él me contestó de la misma manera, un apretón de manos y una sonrisa...Cuando le tomé la mano a su esposa y me disponía a saludarla con un beso en la mejilla, ella se quedó mirándome a los ojos , se puso pálida y sin soltarme la mano volteó a ver a su marido y le dijo---Se llama como...---No terminó la frase ya que se desvaneció al momento, casi caía al suelo pero debido a que aún sostenía mi mano, pude reaccionar y rápidamente la tomé entre mis brazos para que no cayera al suelo, pero debido a lo inesperado del suceso no pude sostenerla bien y ambos caímos al suelo alfombrado del lugar, su esposo de inmediato la levantó del suelo y tomadola entre sus brazos la colocó con mucho cuidado sobre el sillón que se encontraba vacío y mientras yo me incorporaba del suelo escuché lo que le decía Efraín---Era de esperarse, siempre te pasa cuando te sobresaltas---Al escuchar esas palabras no solo me hizo recordar que a mí me sucedía lo mismo cuando tenía alguna emoción fuerte, algo en la voz de Efraín me trajo un torrente de recuerdos que me dejaron frio , así que solo me quedé de pie sin decir una sola palabra, observando el cuerpo inmóvil de la señora Martha; La inconsciencia no duró mucho ya que Efraín sacó de su bolsillo un pequeño frasquito de color café , lo abrió y colocándolo a un centímetro de la nariz de su esposa consiguió que volviera en si , en cuestión de segundos, pero ella abrió los ojos, miró a su alrededor, como tratando de entender donde se encontraba y cuando me miró de pie, a unos pasos de ella , se levantó rápidamente y abrazándome comenzó a llorar mientras decía una y otra vez---Mi niño por fin te encontré, mi angelito, mi niño , perdóname...---Y de nuevo se desvaneció, esta vez su tono de voz y sobretodo sus palabras causaron una fuerte impresión en mí y como era de esperarse también perdí el sentido y esta vez tuve un sueño bastante extraño, me encontraba en un raro lugar, que aunque no podía ver nada, sentía un calor agradable, no podía moverme con libertad, solo mis manos y un poco mis pies, sin embargo sentía una gran paz y tranquilidad, pero este agradable sueño cambió radicalmente, ya que esa tranquilidad súbitamente se convirtió en tristeza y angustia, hubo varios movimientos bruscos en mi entorno , ademas de golpes en las paredes interiores del lugar, mucho dolor físico causado por estos golpes, pero emocionalmente sentí una gran tristeza, tanto así que comencé a llorar, algo sucedía afuera que no estaba bien, escuché gritos de dos personas, una mujer y un hombre , al parecer discutían...Después mi sueño dio otro salto y esta vez sentí de nuevo la tranquilidad , ademas de que pude escuchar una dulce voz que expresaba gran amor , sentí gran alegría, a tal grado que comencé a golpear las paredes del lugar con mis pequeños pies y sentí respuesta de otro lado, una sensación de calor que hizo que mi corazón se acelerara y coloqué mi mejilla en la pared y por increíble que parezca sentí una caricia en mi pequeño rostro , al mismo tiempo que oía la voz de la mujer que había escuchado con anterioridad , pero esta vez tarareaba una canción de cuna, funcionó ya que rápidamente me quedé dormido, entonces mi sueño dio un salto más, esta vez sentí un poco de frio al inicio, enseguida dolor, mucho dolor, algo rompió una de las paredes y golpeó mi cuerpo una y otra vez, después miré una luz cegadora y sentí un frio más intenso, ademas de dolor, como nunca había sentido ...Finalmente el sueño que siempre había tenido, pero esta vez todo fué más claro, me encontraba en el suelo, el cual estaba frio y húmedo, no podía moverme, ya que mi cuerpo estaba paralizado , por el contacto con el helido piso y el intenso dolor, y como era costumbre aparecieron las misteriosas sombras, pero esta vez comenzaron a tomar forma, hasta convertirse en decenas de ratas y uno que otro gato y todos se abalanzaron contra mí cuerpo para comenzar arrancar trozos de carne con sus garras y dientes...Con un grito de terror desperté, bañado en sudor y con mi corazón acelerado, me llevó unos segundos reconocer el lugar en el que me encontraba, ademas de que sentí las manos de Berenice tomando mi rostro---¡¡Ya estas a salvo...Mi amor!!---Y dando un beso en mi boca me ayudo a incorporarme, ya que estaba recostado en uno de los sillones, al parecer después de perder el sentido me colocaron en el amplio sillón negro; Ya consciente y más tranquilo giré mi cabeza para descubrir a la pareja de esposos , la señora Martha ya se encontraba despierta también y cuando vio que yo había recobrado al consciencia se puso de pie y dijo con sus ojos llenos de lágrimas---Uriel...Mi niño , después de tantos años---Trató de abrazarme pero fué detenida por mi madre---Creo que todos los presentes nos merecemos una explicación, ya que yo encontré a Uriel entre la basura, dentro de un callejón, donde usted lo tiró, y ahora después de casi 20 años viene como si nada ...Así que comience a hablar---Creo que nunca había visto a mi madre tan enojada, su rostro se había sonrojado...Pero cuando iba a comenzar su narración se escucharon toqui dos en la puerta del despacho ,el señor Efraín

fué el encargado de abrir la puerta y cuando
lo hizo apareció mi padre , acompañado de
los padres de Berenice, después de entrar , y
presentarse formalmente, todos tomamos
asiento , eso incluía a la licenciada Verónica,
entonces ya con más calma la señora Martha
dio inicio a su narración---Empezaré desde
los años 90, justo un año después de que
comenzamos nuestro noviazgo, Efraín y yo ,
yo que apenas acababa de cumplir la
mayoría de edad y él era dos años mayor que
yo, nos amábamos en verdad o por lo menos
eso era lo que pensabamos,ambos
estudiábamos la preparatoria, así que
comenzamos a tener relaciones sexuales a
escondidas, al principio utilizábamos condón,
pero con el paso de los meses dejamos de
usarlos y después de más de un año de sexo
constante mi periodo se detuvo , así que
después de hacerme unos análisis, se nos dio
la noticia de que estaba embarazada, era una
época diferente así que después de hablarlo
con nuestros padres, que no lo tomaron de
muy buena manera, se decidió que teníamos
que dejar la escuela para que Efraín
comenzara a trabajar y me respondiera como
hombre, y lo hicimos, ambos dejamos la
escuela, Efraín comenzó a trabajar en la
construcción, no ganaba mucho al principio

pero lo suficiente para pagar la renta de un cuarto en una vecindad y sustentar gastos, como servicios y comida...Pero con el paso de las semanas la situación se fué complicando, ademas de que mi embarazo había traído algunos gastos extras , aún así nos las arreglábamos para ahorrar un poco de dinero cada semana, todo esto hizo que Efraín comenzara a cambiar mucho conmigo , y había días que discutíamos bastante por la falta de dinero , inclusive llegamos hasta los golpes y en el quinto mes de embarazo me abandonó dejándome completamente sola, después intenté regresar con mis padres pero ellos todavía se encontraban molestos conmigo y se negaron a recibirme en su casa, mi padre solo me dio dinero y me dijo que me fuera...Con este dinero pagué unos meses de renta por adelantado y traté de seguir con mi vida sola pero con el paso de la semanas comencé a sentirme sola, esto me deprimió bastante y un día que fuí a mi revisión del sexto mes de embarazo al centro de salud , sin querer escuché a un par de señoras de avanzada edad conversar, mientras que esperaba mi turno de pasar con el ginecólogo, al principio la conversación era como cualquier otra, chismes y críticas hacia

personas conocidas de ellas, pero una parte
de esta platica llamó mi atención, una frase
en especial..."La hija de María la vecina fué a
hacerse un aborto con un doctor que se
dedica a hacer esas cosas y casi se
muere"...Entonces concentré toda mi
atención en oír todo lo que decían ambas
mujeres, entonces la otra mujer le
preguntó..."¿En dónde está ese doctor?"...La
primera mujer después de pensarlo un poco
le contestó..."A unas calles de la central de
autobuses, por el centro"...Fué todo lo que
alcancé a escuchar ya que en ese momento la
asistente del ginecólogo me indicó que era
mi turno para ser recibida por el especialista;
Terminando el chequeo mensual regresé
caminando al pequeño cuarto que rentaba
para vivir, mi cabeza estaba llena de ideas,
después de escuchar la conversación de esas
mujeres en el consultorio, pero rápidamente
me olvidé del asunto ya que en ese momento
tenía cosas más urgentes que resolver, como
por ejemplo conseguir trabajo para poder
salir adelante como madre soltera, pero las
cosas no resultaron como yo creía ya que en
las siguientes semanas me dediqué a buscar
trabajo y recibí la misma respuesta por parte
de las personas que me entrevistaban..."En
su estado tan avanzado de embarazo no

podemos darle trabajo, venga cuando ya haya dado a luz"...Y esto me empezaba a preocupar ya que el dinero que tenía ahorrado se terminaba así que en mi cabeza regresó el recuerdo de la conversación de las mujeres y después de pensarlo por varios días tomé una decisión , busqué algunas de mis cosas y fuí a empeñarlas, conseguí casi 10 mil pesos, en esa época esa cantidad era bastante para poder llevar a cabo lo que tenía en mente, así que con casi 7 meses de embarazo me fuí a la central de autobuses y comencé a buscar en las calles aledañas, me llevó casi 4 horas averiguar la dirección exacta del lugar donde se practicaban los abortos de manera clandestina, dicho lugar se ubicaba en una casa vieja y sucia, la cual estaba disfrazada como veterinaria, irónicamente el veterinario era el mismo que practicaba los abortos...Llegué y cuando pregunté a una joven ,que se encontraba en la entrada del lugar limpiando el piso con un trapeador, que si el medico podía atenderme, y ella con tan solo ver mi vientre abultado me condujo al interior de la veterinaria , hasta el fondo de esta, donde se encontraba una pequeña puerta de madera , que tenía una cartulina pegada con un letrero que decía

"Mantenimiento", abrió la puerta y sin decir una sola palabra me indicó que entrara, lo hice , después ella y cerrando la puerta detrás de nosotros me condujo por un pasillo hasta llegar a una sala de espera, ahí había 3 jovencitas, sentadas en unos sillones bastante deteriorados y sucios, y en el fondo una puerta de madera pintada de blanco ,al parecer dentro se realizaban los abortos, solo una de ellas lucía un abultado vientre, de unos 4 meses de embarazo, las otras 2 no aparentaban estar en cinta, pero al igual que yo , todas íbamos a lo mismo...La joven me indicó con un movimiento de su mano que me sentara también, iba a ser la última en pasar así que me senté en la parte más alejada de la improvisada sala, esperamos unos 20 minutos para que se abriera la puerta blanca y apareciera el "doctor" e hizo pasar a la primera jovencita, eran las 11:45 am así que me tocaría esperar bastante o eso era lo que creía ya que la chica solo tardo un poco más de una hora en salir, lucia bastante pálida y caminaba muy lentamente , mientras que tocaba su vientre con sus manos, el doctor solo le dio un par de pastillas y le dijo..."Tomate una de esta ahorita y la otra dentro de 8 horas, descansa y en unos días estarás como nueva"...Entonces volvió a entrar y unos 15 minutos después salió de nueva cuenta y señalando a la segunda chica le dijo..."Sigues tú, pasa "...La jovencita entró a la habitación y cerró la puerta detrás de ella, entonces mientras esperaba mi turno abrí mi bolsa y empecé a buscar en su interior, encontré ademas de algunos cosméticos, un pequeño espejo, casi 6 mil pesos que llevaba para pagar , un paquete de galletas integrales y finalmente encontré una hoja de papel donde había algunas direcciones escritas en ella , que anoté cuando pedí información en los alrededores, encontré también un marcador rojo indeleble y mientras la segunda jovencita seguía dentro de la habitación, dibujé un pequeño corazón de color rojo ,utilizando el marcador, y con unas pequeñas tijeras que también traía en mi bolsa y que normalmente utilizaba para manicure, recorté los bordes redondos de la pequeña figura, lo hacía lentamente al mismo tiempo que recordaba la última revisión que tuve con el ginecólogo, recordé que con ayuda del ultrasonido pude saber el sexo de mi bebé...Sería niño y ya tenía el nombre..."Uriel", como el arcángel, así que en el centro del corazón de papel escribí el nombre con el marcador rojo, después lo doblé y lo volví a meter en mi bolsa; Una hora pasó para que la segunda chica saliera acompañada por el "doctor" y al igual que la jovencita anterior, lucía pálida y con algunos temblores en todo su cuerpo , el doctor le dio las mismas pastillas con las mismas instrucciones, ya eran casi las 3 de la tarde, así que mientras el doctor preparaba todo para llamar a la otra jovencita, saqué el paquete de galletas y las compartí con la otra joven sentada a unos metros de mí, ella por su parte sacó de una pequeña bolsa de hule un plátano y después de partirlo por la mitad me dio una de esos pedazos y al momento de tomarlo observé algo que llamó mi atención, justo en la parte posterior de su muñeca tenía un pequeño tatuaje, era un plátano de unos 3 centímetros con un listón de color blanco atado y en este tenía un nombre escrito..."Samuel", comimos rápidamente la mitad que nos había tocado y cuando terminamos ella sonriendo dijo..."Era mi esposo"...No comprendí , pero prosiguió...Samuel era mi esposo, yo me llamo Teresa, nos casamos hace un año, mis padres fallecieron cuando era pequeña, así que no tengo a nadie más, pero sus padres me recibieron con los brazos abiertos, pero hace 4 meses que quedé embarazada y para asegurarnos una mejor vida y la de nuestro hijo, Samuel se fué siguiendo el sueño americano pero murió en el desierto...al parecer le picó una serpiente y los polleros lo abandonaron a su suerte, tardó casi un día en fallecer , el conocido "grupo beta" lo encontró casi 4 días después, los animales casi se lo habían comido por completo, solo lo reconocieron por un tatuaje que se hizo en el mismo lugar que me lo hice yo, solo que él se tatuó una fresa con mi nombre; Su familia me culpó por su muerte y me dejaron completamente sola y con un bebé en camino , no puedo conseguir trabajo en estas condiciones, amo a mi hijo pero lo mejor será abortarlo, así se reunirá con su papá en el cielo, mientras que yo...No terminó de hablar ya que fué interrumpida por el sonido de la puerta blanca , al abrirse, salió el doctor y le indicó que entrará, ambos lo hicieron y después de cerrar la puerta me quedé completamente sola, mis dudas empezaron a incrementarse, estando en ese lugar en soledad, sentada en ese sucio sillón, comencé a tocar mi vientre mientras hablaba con mi bebé, le pedí perdón por lo que pensaba hacer y le expliqué que estaba desesperada y no tenía otra salida , no pude evitar derramar un par de lágrimas , pero no alcancé a limpiarlas porque de pronto se abrió la puerta y el doctor salió solo y en su ropa de medico había algunas manchas de sangre , de un tamaño considerable , sin tomarme en cuenta salió hasta el pasillo y en un par de minutos regresó acompañado de la mujer que estaba en la veterinaria limpiando cuando llegué, ademas de que venían acompañados por un hombre de unos 90 kilos, de complexión robusta, tez morena , enseguida los 3 entraron en la habitación y salieron casi al instante , el hombre llevaba entre sus brazos a la joven , ella estaba inconsciente, vestía una sencilla bata de hospital, manchada de sangre ,unos centímetros debajo de su vientre, el doctor le dijo en voz alta al hombre..."Se puso mal con la anestesia , ya sabes lo que tienes que hacer, llévala al hospital, y me avisas para saber su estado de salud"...Entonces el hombre y la mujer salieron por el pasillo, y el "Doctor" me dijo..."Dame unos minutos y ahorita te atiendo"...Entró de nueva cuenta en la habitación de la puerta blanca...---Martha Se quedó callada unos segundos y al ver que ya no hablaba su esposo se acercó y le dio un poco de refresco de cola , que traía en una pequeña botella, ella bebió un poco y siguió con su relato---Esperé más de media hora , en ese sala de espera, sola y con mi cabeza llena de cientos de ideas , después de ver como se habían llevado a la joven, pero la puerta blanca se abrió de nueva cuenta y salió el "doctor" , con una bata limpia , sin que me dijera una sola palabra me puse de pie y entré en la habitación, me quedé helada al ver lo que había dentro de ese lugar, en el centro había una especie de camilla , estaba formada por una barra de cemento ,cubierta con una colchoneta de color negro, sobre ella había una gran lámpara, que iluminaba bastante el centro del lugar, formando una improvisada mesa de operaciones, en una de las paredes había un biombo, junto a este otra puerta de color blanco, del otro lado había un lavabo , en el cual aún había manchas de sangre, junto a este lavabo había una pequeña estantería , con tres plataformas, en la parte inferior había un cesto de basura , en su interior se podían ver varias gasas usadas, todas tenían manchas de sangre y algunos trozos de carne, en la plataforma central había varios contenedores con , guantes, gasas, alcohol ,etc. todos acomodados en sus respectivos empaques, todos colocados de manera que fueran

fáciles de tomar, en la parte superior, había
una charola metálica y dentro de esta había
decenas de instrumentos quirúrgicos, bisturí,
pinzas, tijeras, fórceps, y algunos más que
desconozco su nombre, en otra pequeña
estantería ,colocada junto a la mesa de
operaciones , había varios aparatos, solo
pude reconocer una especie de aspiradora, y
por último en un rincón del cuarto había una
especie de hielera de gran tamaño, no supe
que había en su interior porque se
encontraba tapada, pero lo que más me
perturbó fué que en todo el piso había
manchas de sangre, algunas de ellas ya
secas, como si tuvieran meses ahí; El "doctor"
de la estantería me dio una bata de hospital y
me dijo que me desnudara detrás del biombo
y me cubriera con ella, lo hice y después de
colocar mi ropa y mis pertenencias dentro de
una bolsa , me subí a la mesa de operaciones
, estaba fría y húmeda, esto hizo que mi
cuerpo empezara a temblar , sentía frio, pero
empezaba a tener mucho miedo, el "doctor"
empezó a prepararse , se lavó las manos, y
después de secarlas y colocarse guantes de
látex, empezó a preparar una Inyección, yo lo
miraba con atención, y algo en mi interior me
perturbó demasiado, mi vientre empezó a
moverse, coloqué mis manos sobre el bulto

en mi estómago y fué en ese momento cuando sentí como mi hijo pateaba con fuerza , pude sentir su miedo...No podía hacerlo así que cuando el"doctor"se disponía a ponerme la inyección de anestesia, yo estaba de pie junto a la camilla, entonces él me preguntó algo molesto..."¿Que está haciendo ahí de pie? Debería estar sobre la camilla"...Y con lágrimas en mis ojos solo le contesté..."No puedo hacerlo"...Y tomando la bolsa con mis pertenencias me oculté detrás del biombo para vestirme de nuevo y cuando me dirigía a la salida el "doctor "bastante molesto me dijo..."Aunque no haga mi trabajo deberá pagarme por hacerme perder mi tiempo...Son 1000 pesos y no salga por el frente , debido al incidente de la paciente anterior tuvimos que cerrar la veterinaria, así que tendrá que salir por la puerta de atrás, esa puerta la llevara a un callejón...¡¡Lárguese y no vuelva!!...Saqué el dinero de mi bolsa y se lo entregué , enseguida abrí la puerta me dispuse a salir del lugar lo más rápido posible, crucé un corto pasillo y llegué a una puerta de metal la abrí y efectivamente salí a un callejón, ya eran casi las 5 de la tarde, así que empezaba a menguarse la luz solar, ademas de que el lugar estaba bastante

sucio, había contenedores de basura por
todo el lugar, y como algunos minutos antes
había estado lloviendo había charcos por
todo el suelo, entonces con algo de frio
comencé a caminar para salir de ahí pero a
penas dí un par de pasos cuando de entre los
contenedores salió un hombre y me sujetó
por la espalda, colocó un cuchillo de hoja
larga y por el constante uso bastante
delgada en mi cuello , mientras sostenía mi
brazo por detras de mi espalda me dijo al
oído..."Dame todo tu dinero"...Podía oler su
aliento, ademas de que su ropa estaba sucia,
olía a alcohol , a excremento, y sobre todo a
solventes, el tipo estaba completamente
trastornado por los efectos de la droga y de
la bebida..."No traigo dinero"...Le dije , pero
esto lo enfureció y dándome una fuerte
bofetada se colocó frente a mí , bajó su
cuchillo y lo colocó sobre mi vientre mientras
decía..."Sé de dónde vienes y como todavía
tienes tu panza inflada, quiere decir que no
abortaste y pues no pagaste así que no te
hagas la tonta y dame el dinero , o te haré el
"trabajito" gratis"...Sus palabras me asustaron
bastante y me quedé inmóvil, esto lo molestó
bastante y sin poder decir o hacer nada se
arrojó contra mí y comenzó a apuñalarme en
el vientre, trate de protegerme pero también

apuñaló mis brazos y una de mis manos, caí al suelo con mi cuerpo sangrando abundantemente, mi fuente se rompió y entré en labor de parto ahí tirada en un charco en el suelo, el tipo sin prestarme atención tomó mi bolsa del suelo, vació todo su interior en el piso , solo tomó el dinero y salió corriendo del lugar; En medio de un charco de sangre dí a luz ,a un pequeño bebé prematuro, miré su cuerpecito lleno de sangre , liquido amniótico , y placenta respiraba con dificultad pero estaba bien...Estaríamos bien   o por lo menos eso era lo que pensaba, porque cuando limpié la sangre de su pequeño cuerpo descubrí con horror que cuando el criminal había apuñalado mi cuerpo, el cuchillo no solo atravesó mi piel, se había clavado varias veces en el cuerpo de mi hijo, tenía que actuar rápido, en mi desesperación tomé mi bolsa y recogí todas mis pertenencias , las coloqué en el interior y mientras lo hacía encontré el pequeño corazón de papel y con la misma sangre de su cuerpecito lo coloqué en su pecho, después puse a mi bebé sobre una de las tapas de los contenedores, traté de arroparlo pero entre tanta suciedad no pude encontrar algo para cubrirlo, así que solo lo puse sobre trozos de cartón y dándole un beso en la mejilla me incorporé y salí del callejón lo más rápido posible , para pedir ayuda , pero debido a las incontables heridas en mi cuerpo y sobre todo por el cansancio después del parto solo pude caminar media cuadra y me desvanecí, perdiendo el sentido...Desperté casi 4 meses después en una cama de hospital, lo primero que ví fué a Efraín, frente a mí dormido en un pequeño sillón, lo ví unos minutos hasta que entró un médico en la habitación..."Vaya , que buenas noticias , despertó nuestra paciente, después de 4 meses de varias intervenciones y trasfusiones , despertó, su esposo lleva aquí desde el primer día, entre sus pertenencia encontramos algunos trozos de papel con números telefónicos y entre ellos el de su esposo y pues teníamos que avisar a sus familiares así que ese mismo día llegó y no se ha ido"...Solo un par de semanas más duré en ese hospital y cuando me dieron de alta , Efraín y yo volvimos a estar juntos, regresamos al callejón para averiguar el paradero de nuestro hijo pero debido a que ahí se encontraba el lugar donde se realizaban abortos y sobretodo porque el "doctor" que los practicaba había corrido la voz para que si yo llegara a ir de nuevo a ese lugar o a sus alrededores, nadie me dijera nada, inclusive fuimos amenazados para que no volviéramos, buscamos en los periódicos de esa fecha no aparecía ninguna noticia acerca de mí o de mi bebé abandonado en el callejón, lo que si fué noticia en varios periódicos fué la aparición del cadáver de una jovencita en un rio, dos semanas después, lejos de la ciudad ya que la corriente la había arrastrado rio arriba hasta quedarse atorada en una compuerta de desagüe, su cuerpo estaba en avanzado estado de descomposición, según los forenses estaba embarazada de 4 meses, y como seña particular tenía un pequeño plátano tatuado en la muñeca con el nombre "Samuel "y como nadie reclamó los cuerpos fueron sepultados en la fosa común en el panteón municipal, en su lapida les pusieron como nombre..."Luz y Samuelito"; Por casi un año seguimos buscando pero no conseguimos averiguar nada de mi bebé, pero lo que si hicimos fué averiguar la dirección de la familia del esposo de esa jovencita y los llevamos al panteón para que pudieran reclamar los restos de Teresa y Samuelito, y después de cremarlos , colocaron los restos de Teresa , Samuel y

Samuelito en un lugar especial en una pequeña iglesia del pueblo donde había nacido Teresa...Con tristeza decidimos seguir con nuestras vidas....Pero hoy después de tantos años volvemos a encontrarte mi niño---Se incorporó y acercándose a mí me abrazó y esta vez le correspondí abrazándola también, no pude evitar mis lágrimas, fué un largo y conmovedor momento, que selló con broche de oro Efraín , que en ese momento ya sabía que era mi padre, cubrió con sus largos brazos el cuerpo de ambos ,en un enorme abrazo, él también lloraba...Y pasó de nuevo perdí el sentido , y mientras me encontraba inconsciente tuve un nuevo sueño...En este me encontraba dentro de un cuarto de hospital, bastante deteriorado, parecía como si hubiera sido abandonado desde Hacía mucho tiempo, con las paredes corroídas y todos los objetos metálicos oxidados, en el centro estaba una mesa de operaciones en las mismas malas condiciones, en el techo justo encima de ella se encontraban unas luces de quirófano, algunas de ellas ya no funcionaban y otras más prendían y apagaban, había también una mesa con material quirúrgico dañado y sucio, alguno cubiertos con sangre seca, pero todo esa era irrelevante ya que cuando vi lo que había sobre la mesa de operaciones me quedé frio, era Berenice colocada boca arriba con las piernas abiertas y las rodillas dobladas , la posición en la que se da a luz normalmente, su rostro lucia rictus de dolor , ademas de sudor en su frente, respiraba rítmicamente, no quedaba duda, estaba en labor de parto, busqué por todas partes de la habitación y no había ni doctores , ni enfermeras, solo ella y yo, así que me acerqué para tratar de ayudarla y cuando toqué su cuerpo me di cuenta de que estaba vestido con una bata de médico, no sabía que hacer pero solo unas cuantas respiraciones de Berenice y cuando observé entre sus piernas solo miré sangre, mucha sangre, la cual se esparció por el piso ,las paredes y el techo, yo mismo me encontraba cubierto completamente de pies a cabeza , esto me asustó bastante así que miré el rostro de Berenice y ella ya no respiraba, tenía sus ojos cerrados , su semblante lleno de paz, solo con verla supe que estaba muerta, no pude soportar más y comencé a llorar y me acerqué más a ella y la besé en los labios mientras la tomaba de las manos, se pronto algo llamó mi atención había una luz en su vientre, podía verse a través de la bata de

hospital empapada de sangre, entonces
caminé un par de pasos para colocarme
frente a ella y al momento de hacerlo la luz
bajó hasta colocarse en medio de sus
piernas aún abiertas en posición de parto,
observé la luz y esta comenzó a incrementar
su tamaño hasta llenar completamente la
habitación, con tal intensidad que tuve que
cerrar mis ojos y cuando los volví a abrir ya
no estaba en la habitación de hospital , ahora
me encontraba en un callejón lleno de
contenedores de basura, algunos de ellos
caídos en el suelo, dejando al descubierto su
contenido, y entre los restos de basura pude
ver un bulto , me acerqué un poco para verlo
mejor y descubrí que era una cobijita blanca
con algunas manchas de sangre, envolviendo
algo que parecía un bebé, me disponía a
levantarlo del suelo pero no pude moverme,
algo estaba mal y no solo eso cuando miré el
bulto envuelto en la cobijita blanca miré lleno
de impotencia como decenas de ratas , gatos
y perros se abalanzaron contra él, y
comenzaron a arrancar trozos de tela ala
pequeña cobijita, todo mientras yo gritaba de
furia, al parecer lo devorarían sin que yo
pudiera hacer nada para evitarlo, mis ojos se
llenaron de lágrimas una vez más...Pero
cuando todo parecía perdido escuché pasos

detrás de mí , pude mover solo mi cabeza , giré y pude ver 4 siluetas acercarse a mí , entonces todas las bestias al ver que se acercaban salieron corriendo dejando el pequeño bulto envuelto en lo que quedaba de la cobijita; Las cuatro siluetas tomaron forma, eran mis 4 padres, mis padres adoptivos se colocaron uno a cada lado de mí cuerpo, mientras que mis padres biológicos levantaban del suelo al pequeño bulto, después se acercaron a mi también y extendiendo sus manos me lo entregaron y cuando lo iba a desenvolver para ver como lo habían dejado la jauría de animales, no vi más que una luz , que se fué incrementando de nuevo llenándome de una sensación de paz...En ese momento desperté pero a diferencia de mis acostumbradas pesadillas esta vez no sudaba, ni estaba aterrado, al contrario tenia lágrimas en mis ojos pero sentía una tranquilidad que nunca había sentido, y al ver a todos los ahí presentes , supe por primera vez que todo estaría bien.

Minutos después de que desperté y ya con todos más tranquilos la licenciada Verónica nos indicó que ahora que toda la verdad había salido a la luz , tenía algo que decirnos---Buenos días a todos , al parecer todo salió como lo esperaba la directora de esta institución...---Fué interrumpida por unos toquidos en la puerta---¡Adelante por favor!---Y la puerta se abrió y entró una mujer de unos 65 años , se acercó a la licenciada victoria y dándole un beso en la mejilla le dijo---Hola hija ¿Si resultó todo como lo esperaba?---Y su hija de contestó con una sonrisa ---¡Así es!---La recién llegada se dirigió a todos los presentes---¡Buenos días a todos!...Yo soy Pilar Ortega directora de esta institución desde hace más de 25 años, es un gusto para mi tenerlos a todos juntos , veo que el pequeño Uriel ha crecido bastante, hace poco más de 19 años fué encontrado un bebé en un callejón a unas calles de aquí, era prematuro y estaba bastante lastimado, debido a varias heridas causadas por una arma blanca ,ademas de incontables mordidas de diversos animales, solo encontraron un corazón de papel adherido a su cuerpecito , con el nombre de "Uriel" escrito, fué llevado a una clínica particular por los aquí presentes, Mario y Sonia, en donde estuvo varios meses, y debido a que no pudimos localizar a sus padres biológicos se concedió su adopción a las personas que lo encontraron...Pero en un giro inesperado del destino hace un año llegó una pareja interesada en adoptar un niño , después de estudiar sus antecedentes y escuchar su historia, supe que no era casualidad que hubieran llegado a este lugar , cosa que comprobé cuando solo unos meses después regresaron los padres adoptivos de Uriel a contarme que había crecido bastante y que su novia estaba embarazada y que ambos pretendían dar en adopción a su bebé así que solo me llevó unos cuantos días sacar mis conclusiones ...Entonces mi pregunta en este momento es ¿Qué es lo que van a decidir con respecto al bebé que viene en camino?---Y fuí yo el que tomó la palabra para contestar su pregunta---Después de todo lo sucedido en esta oficina creo que lo mejor es platicarlo en familia, gracias por todo y mucho gusto---Y después de despedirnos todos nos fuimos a comer a un restaurant cercano y tuvimos una plática de varias horas, en verdad estaba feliz por haber encontrado a mis padres biológicos, desde que supe que me habían abandonado en un callejón los había odiado pero después de escuchar su historia ese odio desapareció por completo.

Pasamos la noche en el hotel, por primera vez en mucho tiempo tuve sueños agradables , y al día siguiente después de desayunar todos en la casa de mis padres biológicos nos despedimos para regresar a nuestra ciudad de residencia , no sin antes llegar a la conclusión de que ya no daríamos nuestro bebé en adopción , todos nuestros padres nos apoyarían para salir adelante y darle una buena vida a nuestro hijo; Dos meses después llegó el momento esperado eran las 6 pm cuando Berenice tuvo la primera contracción y en cuestión de minutos fueron incrementando su frecuencia e intensidad así que la llevamos al hospital y a las 8 pm entró en labores de parto, todo iba bien pero casi una hora después tuvo algunas complicaciones y se nos comunicó que tenía un abundante sangrado y necesitaría un trasplante de sangre, que el cuerpo de Berenice tal vez no lo resistiría, entonces no pude evitar recordar el sueño que tuve cuando perdí el sentido en aquella oficina , cuando conocí a mis padres biológicos, donde veía a Berenice perder la batalla en el quirófano durante el parto.

EPILOGO

Ya pasaron casi 3 años de aquella fatídica noche, cuando todo mi mundo se derrumbaría...O eso fué lo que pensé cuando el parto de Berenice se complicó a tal grado de que su vida estuvo en riesgo , pero después de casi 6 horas en el quirófano y varias trasfusiones de sangre, finalmente dio a luz a un perfecto y sano bebé de casi 3 kilos y medio, una hermosa niña, por su parte Berenice tuvo que quedarse un par de días en el hospital pero , al tercer día las dieron de alta; El día de hoy nuestra "Milagros Perséfone" como decidimos llamarle porque su llegada vino a cambiar el rumbo de nuestras vidas, recibió la visita de sus abuelos paternos, mis padres biológicos , y le trajeron un peculiar regalo, un pequeño cachorrito de raza pequeña y con pelo alborotado, a pesar de su compacto tamaño me recordó mucho a mi salvador "Peluchín"...Así que decidimos llamarlo "Pelusa", el cual al igual que aquel peludo amigo mío, la acompañaría en incontables aventuras en su pequeño mundo infantil.

Berenice y yo terminamos nuestra preparatoria, gracias al apoyo de nuestros padres ,pudimos seguir con nuestros estudios, Berenice está cursando una carrera de pediatría, yo por mi parte estoy cursando mis estudios en neurocirujano, donde pude averiguar que mis desmayos desaparecerían con un sencillo tratamiento de un par de semanas, así que tanto mi madre biológica como yo, tomamos este tratamiento que consistía en una pastilla al día por 2 semanas y los desvanecimientos desaparecieron por completo, ademas que desde que supe toda la verdad acerca de mi nacimiento dejé de tener pesadillas; Una vez cada mes mis padres biológicos vienen a mi ciudad y todos convivimos , al parecer nadie sabía lo que el destino nos tenía reservado pero lo que si pudimos comprobar es que el amor no distingue edad, sexo e inclusive raza y como dijo un famoso cantante "Lo único que necesita el hombre es amor".

FIN